U1017848

兰陵记忆

杨卫启 著

中国文史出版社

图书在版编目（CIP）数据

兰陵记忆 / 杨卫启著. -- 北京 : 中国文史出版社，2025. 8. -- ISBN 978-7-5205-5325-4

Ⅰ. K295.24

中国国家版本馆 CIP 数据核字第 2025XU6153 号

责任编辑：张春霞

出版发行：中国文史出版社
社　　址：北京市海淀区西八里庄路 69 号院　邮编：100142
电　　话：010-81136606　81136602　81136603（发行部）
传　　真：010-81136655
印　　装：涿州汇美亿浓印刷有限公司
经　　销：全国新华书店
开　　本：880mm × 1230mm　1/32
印　　张：8.5
字　　数：136 千字
版　　次：2025 年 10 月第 1 版
印　　次：2025 年 10 月第 1 次印刷
定　　价：58.00 元

版权所有，侵权必究。

文史版图书，印装错误可与发行部联系退换。

序言

走近文化

我是1971年出生，父母都不识字，在我童年的记忆里，只有些拔猪草、摸瞎碰、投杏核、大棒槌的零散记忆。到晚上听二爷爷拉呱，听盲人大奶奶说书，那是最令我享受的。

我的童年没有绚丽多彩，唯有真实的生活。彼时，文化是贫瘠的。没有文化的滋养，岁月是干瘪的。年少的我是卑微之人。

小学一到三年级，我每天要和姐姐抬着豆腐担子走街串巷卖豆腐，卖完豆腐再去上学。到四年级，便能独当一面去卖锅饼了，同时稀里糊涂上完了小学。这期间，看了唯一的一本课外书《薛刚反唐》，并且都是用烧火烧锅的时间看的。那几年，农村兴起武术热，我也想练，可惜没有人肯收徒传授，只能自己练练基本功。也曾想学踩高跷、耍狮子，可惜没有机会。偶尔跑到街上去听说书，只能这边听一会儿，赶紧跑到另一边。因为听一会儿就会有人来收钱，没有钱是很尴尬的。

到乡里上初中，接触的人和事多了，渐渐地懂得读书有用的道理，开始发奋学习，考上中专，户口由红本变成了绿本。在中专的学校里，师生的生活是丰富多彩的，学习课程外，还能学音乐、美术、书法，有时也学着写几句诗。用母亲的话说，算是能识文解字了，能明白一些做人做事的道理了。

毕业后，便走上讲台，当了老师。凭着在师范学的点滴知识走上讲台，无非就是照本宣科地教学生。那几年，应试教育风行。教学无非是讲题、做题、考试。老师就是灌输知识的工匠。幸好，自己进修了中文专科，函授了曲阜师范中文本科，学历的提升增加了对教学的理解，工作也从农村中学转到了县城中学。

十几年的教学经历让我对教学教育有了自己的思考，后来便办了学校。如今，一路走来，已有 30 多年。对于教育，也有了些自己的看法、想法。如：“教育的本质就是做样子，校长给老师做样子，老师给学生做样子。学生做得好不好，关键是看校长和老师做得怎么样。”还提出了一些教育口号：“让运动和阅读带我们到有诗意的远方”“提振精气神，改变知行运”等。

这几年，创办隆礼高中，打造以“礼”为核心的校园文化，加入了兰陵荀子研究会。有机会向兰陵荀学专家焦子栋学习。参加荀子文化活动，接触到颜炳罡教授，耳濡目染，受益匪浅。隆礼高中把荀子文化“两创”成果，应用于教育教学管理，成效显著。

我由关注老师、学生转为关注自己，思考人生的意义和价值是什么。孔子说：“五十而知天命。”到了50岁，我也明白了自己的使命：教化更多的人。就像《劝学》中所说，“神莫大于化道”。

中华优秀传统文化、红色文化、社会主义先进文化共同组成了新时代文化的主体。兰陵优秀传统文化源远流长，博大精深；红色文化资源丰富，感人至深；社会主义先进文化众星闪耀，熠熠生辉。我们从教育者的角度去发掘、弘扬这些文化。利用现代数字技术、智能设备和信息平台，让优秀文化体系化、数字化、可视化。制作成短视频在电视台、抖音等平台播放，让学生和其他人随时能看、能听，引领学生树立正确的人生观、价值观和世界观。

2024年，我们成功举办兰陵首届“隆礼杯”背诵《劝学》大赛，共进行了4场比赛。大赛推动兰陵十几所中小学30000多人参与背诵《劝学》。我们和兰陵电视台合作，制作《文化兰陵》栏目27期，传承兰陵文化，引起很好反响。

一年多来，我们深入采访，精心制作，才有《兰陵记忆》这本书的呈现。

感谢焦子栋、王凌晓、穆振昂三位老师的引领和指导，感谢荀子研究会、隆礼高中、启蒙小学，感谢所有鼓励支持我的人和平台。

目录

第三章 文化传承 字载文明

第四章 兰陵非遗的传承

第五章 兰陵文化大家谈

附 录

第一章

千年古邑 溯源兰陵

兰陵大地从哪里来

兰陵大地美丽富饶，被人们称为“劝学圣地”。可是，兰陵大地是从哪里来的呢？我在这里给大家讲一讲。

公元前602年，经淮夷入海的黄河，发生了有文字记载以来的第一次北上大改道。

当时兰陵属于鄫国管辖，鄫国在文峰山东边、沂蒙山区最南边。文峰山以南是一片水地，水是从哪里来的呢？黄河入海走了这里，从沂蒙山区西边奔洳河入海。所以这里是一片沼泽地。

黄河水改道至章武（今河北沧县东北）入海。鄫国以南洳河流经的淮泗地区水势骤减，苏北大泽不再长年洪波浩渺，连绵的湖泊退出，成了季节湿地，出现大面积肥沃滩涂淤地，成为可耕作的沃野良田。

在西周“普天之下，莫非王土；率土之滨，莫非王臣”的土地制度框架下，天下所有土地理论上均归周王所有。新出现的土地，自然也归属周王，并非诸侯私产。彼时，居住于南方的淮夷部落，趁着局势变化挥师北上，觊觎并抢占了黄淮滩涂的开发权。与此同时，鲁国、鄫国的奴隶们纷纷沿着洳水南下，在中下游湖泊滩涂边的“王土”上开垦淤地。这些区域不在诸侯既定封地范围内，因此诸侯不敢公然宣称其归属。在这片“无主之地”上，无论是有组织还是自发前来的奴隶，都摆脱了原有的奴役枷锁，摇身一变成为自由人，大量私田也随之开垦出来。

还有部分奴隶，虽仍保有奴隶身份，却在奴隶主的授意下抢占私田。但由于这些土地超出了诸侯国的规划范畴，按照制度规定，其产出收益应归周王朝所有。诸侯若私自占有，无疑是对周王权威的公然挑战，属大逆不道之举。然而面对如此利益诱惑，诸侯又难以割舍。权衡之下，诸侯只能默认奴隶们开垦的土地归个人私有，仅象征性地收取少量赋税。由此，中国历史上真正意义上的自耕农群体开始出现，部分奴隶也获得了诸侯规定的姓氏，拥有了一定的身份标识。值得一提的是，这一系列社会变革的重要萌芽，便发端于兰陵大地，为后续封建社会的发展埋下了伏笔。

周王朝和诸侯分封统治格局被打破，鲁国延续千余年的井田制度面临崩溃的危机，鄫国洳水之滨自给自足的庶人家庭迅速增加。

此时的鄫君是鲁国的外孙后裔，井田收入的减少和私田的大量增加使国库收入减少，甚至无力维持鄫国正常的需求。鄫君寻求鲁国当政的卿大夫季孙行父（季文子）的支持和帮助。季文子家族季孙氏是鄫子的外戚，季孙家族为扩大自己的费邑私田，费邑臣属的军队和奴隶被派到鄫国以南的涝洼滩涂地带开垦私田，同时为阻止南方淮夷的北犯，保护了弱小的鄫国。

现在兰陵县兰陵镇是当时开垦地区的一块高地，周围还有湖泊丘陵作天然屏障，季文子选中此地，调集臣属安营扎寨，筑城设邑，设立管理机构，有季孙所属鲁国军队保卫，将季孙家族的采邑私田从费邑扩展到鄫国南部平原地区，使之成为鲁国统治区。

为区别于鲁国国君居住的公室曲阜，季文子在今兰陵建造的城邑，被称作次室邑。“次室邑”是兰陵大地的第一个名字，简称“次室”。

为巩固统治基础并化解社会矛盾，季文子采取了颇具开创性的经济举措：他鼓励庶人及逃亡奴隶以鲁国合法臣民的身份开垦滩涂洼地，将开发私田的行为纳入国家治理体系。同时，他大胆突破传统“井田制”的贡赋模式，针对庶人开垦的私田收入，制定了按比例征收赋税的统一规则。

这一制度革新正是中国历史上首次税费改革——“初税亩”的雏形。值得铭记的是，这一具有里程碑意义的改革创举，其发源地正是如今的兰陵。它不仅标志着土地制度从“国有井田”向“私有开垦”的重要转型，更在赋税史上开创了按亩计税的新型财政模式，为后世税制发展奠定了深远的制度基础。

庶人的身份不再是附属于国君和诸侯的奴隶，有了人身自由，解放了生产力，变成了自给自足的平民百姓。季文子的这一举措，扩展了私田面积，促进了生产的发展。鲁国季孙采邑在次室一带私田的扩大，增加了平民所占有的私田，成功阻止了南方淮夷势力的北上侵掠，季孙家族成为鲁国最强的经济势力。小国寡民的鄫国，城邦土地和季孙氏的私田相互交错，鄫国国君也只有随着季孙氏的政策，让奴隶和庶人南下开垦荒地，鄫国的经济实力不断上升，稳固了兰陵大地的发展。

那后来这里又是怎么叫的“兰陵”呢？

兰陵，中国古代名邑，据传由楚大夫屈原命名。“兰”为圣王之香，陵为高地，有“圣地”寓意。

古今链接

次室邑的形成：当时鄫君是鲁国的外孙后裔，因井田收入减少、私田增加导致国库收入减少，便寻求鲁国卿大夫季孙行父（季文子）的支持。季文子为扩大自己费邑的私田，派军队和奴隶到鄫国以南开垦，并阻止南方淮夷北犯。

现在的兰陵县兰陵镇当时是开垦地区的一块高地，周围有湖泊丘陵作屏障，季文子选中此地筑城设邑，设立管理机构，有军队保卫，将季孙家族的采邑私田从费邑扩展到鄫国南部平原地区，使之成为鲁国统治区。这个城邑被称作“次室邑”，这是兰陵大地的第一个名字。

“初税亩”的起源：为防止开发私田的庶人和逃亡奴隶反抗，季文子鼓励他们以鲁国臣民身份开发滩涂洼地，同时打破“井田制”贡赋上缴办法，对鲁国庶人开发的私田收入统一实行按比例征收赋税，这就是中国第一次税费改革“初税亩”的形成，也起源于兰陵。

楚国之兰陵

公元前380年至公元前223年秦灭楚共150多年间，今兰陵县县境由楚国统治，公元前261年楚国设兰陵县，公元前255年，大名鼎鼎的“天下贤人”荀子任兰陵令。

公元前380年左右，今兰陵县境内东部、南部直到开阳（今临沂）、莒国（今莒县）一带成为楚国新开辟的东北边疆。这时兰陵县境楚国版图上北为鲁国，西靠齐国，沂河以东是越国。楚国取得鄫地后，鄫国城池因处于边地，便将政治统治中心南移至原鲁邑次室，更名兰陵。在东部泇河以东沂河以西的战略要地卧虎山前筑城设襄贲邑（今长城镇驻地），驻虎贲之军，和开阳城（今临沂）驻军遥相呼应，辅佐拱卫西南楚国内地，防御沂河以东越国及西北齐鲁两国的进攻。公元前 379 年，越国都城由琅琊南迁江南吴（今苏州），接着发生了“越人三世弑其君”的内乱悲剧，但越王无疆仍“兴师北伐齐，西伐楚，与中国争强”。后在齐国策动下，越王放弃伐齐而向西攻楚。楚威王兴兵伐之，大败越国，杀了越王无疆，“尽取故吴地至浙江，北破齐于徐州”。公元前 334 年（楚威王六年），楚灭越国。第二年，楚威王亲领大军伐齐，进围徐州（今微山东北），大败齐国，扫除了越、齐两国左右对楚国城邑兰陵、襄贲的威胁。

当时正是战国时期，楚国执行安邦定国、伺机发展的方针，在对外争夺战中，取得了重大的进展。但因楚悼王在位期间任用吴起变法失败，吴起被害，引起国内政局变动，楚无力外顾，便趁越国衰败之机，实行与秦和好、积极向东开拓的政策，使楚国重又富强，以大国强国的地位步入战国霸主的行列，成为战国七雄之一。

楚国在地方管理上实行贵族食邑制，无论是令尹、司马或担任其他官职的官吏贵族，都以俸禄和“赏田”的形式占有一定数量的土地和人口，享有政治、经济和军事特权。随着社会经济的发展和贵族大吏权势的增长，楚国又兴起了封君制。一是封地赐田，二是被封的贵族大吏，又给予“君”的爵号。公元前 262 年，楚考烈王即位后，任黄歇为令尹，封春申君，赐淮北地 12 县，兰陵为其封地之一。此外，楚国在一些地区建立了县邑制。县邑主要设置在边境地区，统治县邑的县公拥有“临土治民”的权力，亦享有政治、经济的特权。公元前 261 年楚国置兰陵县，公元前 255 年春申君任命当时大名鼎鼎的“天下贤人”荀子任兰陵令。

荀子（约前 313—前 230），名况，字卿，赵国人，我国古代著名的思想家和教育家。楚上蔡人李斯是他的学生。荀子周游列国，辗转来到了楚国，春申君黄歇任其为兰陵令，时在楚考烈王八年（前 255 年），荀卿已年近六旬，又一度为黄歇所疑，最终黄歇辞退了荀子。荀子又去了赵国、秦国。最后，黄歇请荀卿返楚。公元前 238 年，黄歇死，荀子也罢了官，此后则居楚国兰陵，著书数万言，死后葬兰陵。荀子在齐约 8 年，在楚则近 20 年，故其著述，主要是在楚国兰陵完成的。荀子历游居赵、燕、秦、齐、楚诸国，故其阅历广泛，对南北各家思想均有批判吸收，开始了先秦思想的大融合，表现出了一位大思想家政治敏锐与思想成熟的特质。荀子是当时儒家的最后一位大师，思想丰富，涉及哲学、政治、经济等各个领域，他的著作保存在《荀子》一书中，计32篇。在哲学上，他继承和发展了我国古代朴素的唯物主义，批判了天命和鬼神迷信学说，提出了著名的“明于天人之分”和“制天命而用之”的论断；认为自然运行规律是客观存在的，“天行有常，不为尧存，不为桀亡”；认为客观世界是可以认识的，“形思而神往”，人能通过感官和大脑认识世界。在观察人的自然性方面，荀子反对孟子的“性善论”，而提出了“性恶论”，即所谓“人之性恶，其善者伪也”的观点。在接受前人经验方面，荀子与正统儒家、道家不同，明确提出“法后王”思想，是历史进化论的观点，对后期法家韩非、李斯等有深刻的影响。荀子的政治思想，表现了新兴地主阶级生机勃勃、力求建立全国封建统治的强烈愿望。在经济上，荀子继承和发展了儒家的“富民”与“仁政”思想，要求封建统治者实行“平政爱民”政策，以发展社会生产力，巩固封建统治。“王者富民，霸者富士”，反对对农民进行残酷的剥削。他主张“田野什一，关市几而不征，山林泽流，以时禁发而不税”“通流财物粟米，无有滞留”，利农宽商，加强经济联系与物资交流。他还奉劝“明主必谨养其和，节其流，开其源，而时斟酌焉”，即在任何时候都要实行“开源节流”政策，以保证国家的稳定和发展。

古今链接

地域历史的演变与战略意义：兰陵县在楚国统治的150多年间，其地域角色经历了从楚国东北边疆要地到稳定县邑的转变。楚国在此设立兰陵、襄贲等城邑，构建起军事防御体系，与周边诸侯国相互抗衡。如越国衰败、楚国对齐作战胜利等事件，深刻影响了兰陵的战略地位，凸显出地域历史发展与周边政治格局紧密相连。这启示我们，地域历史是在复杂的政治、军事博弈中形成的，其演变反映了时代的风云变幻，也让我们认识到特定地域在国家战略布局中的重要性。

文化思想的传承与融合：荀子作为一代思想大师，在兰陵著书立说，将其丰富的思想传播于此。他批判吸收南北各家思想，实现先秦思想的大融合，展现出思想的成熟与包容。其哲学、政治、经济等多领域的思想成果，如"明于天人之分""性恶论""法后王""富民""仁政"等观点，不仅对当时的社会发展具有重要指导意义，也为后世留下了宝贵的精神财富。这表明地域文化思想的传承与发展离不开杰出人物的推动，不同思想的碰撞融合能孕育出更具活力和影响力的文化体系，丰富了地域文化的内涵。

历史人物的命运与时代烙印：荀子一生辗转多国，最终在兰陵完成主要著述。他在楚国的经历，包括任职兰陵令、被疑辞退又重返等波折，深刻反映出个人命运与时代政治环境紧密关联。他的思想既受时代影响，又反过来影响时代发展。这让我们感受到历史人物在时代洪流中的渺小与伟大，他们虽受时代局限，却能凭借自身智慧和努力，在历史长河中留下深刻印记，其命运轨迹也成为解读时代特征的重要线索。

泇运河的开通与兰陵的繁荣

明万历中叶，朝廷为了“避黄行运”，开凿了从山东省兰陵县兰陵镇连接西泇河下游的大运河，全长260华里，史称“泇运河”。泇运河的开通，使京杭大运河不再南经徐州入黄河至淮安，避开了330华里的黄河之险，可直达京杭，使兰陵有了通航之利。“泇运河”的开凿，是明代最有成就的航运工程，同时促使兰陵成为河运重镇；“泇运河”的通航，南北漕运的拉动，促进了运河沿岸城乡的经济文化发展，极大地促进了兰陵这座千年古镇的繁荣。

开凿泇运河，从初议到实行至最后完成，几经周折，前后历经30多年，可大体分为四个阶段。第一阶段，动议阶段。据雍正三年成书的《行水金鉴》记载，总河都御史翁大立遍历泇河两岸，在摸清情况之后，建议“自马家桥，经利国监，入泇口，出邳州”，“可别开一河以漕”（泇河），以避黄河运道……此为开凿泇河运道刍议之始。第二阶段，动工阶段。万历二十一年（1593 年），暴雨大作，黄河在汶上决口，洪水进入徐州和沛县，溃漕堤二百里，总理河道的工部尚书舒应龙，为求通泄之途，开了一条通往彭河的 40 华里支渠，引湖水由彭河入泇河……舒应龙因此成为开泇第一人。第三阶段，初通阶段。万历二十八年（1600 年），都御史总河刘东星，奉旨来到泇河工地，不问浅狭难易，坚持向前推进，开通了最难施工的河段，使泇运河道的基本走向由此定型。第四阶段，功成阶段。泇河雏形已定，通航成效得以显现，继续开泇已呈必然之势。万历三十一年（1603 年），黄河再次大决单县苏家庄及曹县楼堤，工部右侍郎李化龙总理河道，李化龙走马上任，开通了从夏镇到直河口 260 华里的泇河，避开了 330 华里黄河之险。八月，泇运河正式开通，这一年，运送漕粮的船只三分之二通过泇运河北上。

从隆庆年间翁大立提议开泇，到万历三十二年（1604 年）泇运河全线通航，中间经历了 30 多年时间。这段航道的开通，使京杭大运河的通航时间，每年增加 90 天，航程缩短 3 天，经泇运河北上的漕船，每年在 7700 ～ 8000 艘，运送漕粮 420 万石。使得京杭大运河真正成为国家的政治经济命脉。

说到“泇运河”，不得不说贾三近和《金瓶梅》。贾三近，字德修，号石葵，别号石屋山人、兰陵散客。官至光禄寺卿和都察院左佥都御史，逝世前拜兵部右侍郎，在他的诗文和笔记中，自称是“东海兰陵人”“兰陵散客”。徐州师大教授张远芬在其所著《金瓶梅新证》一书中指出：“《金瓶梅》的作者兰陵笑笑生就是明代文学家贾三近”，《金瓶梅》一书里大运河两岸的故事就是“泇运河”两岸的故事。“雅客时至，童子命茶。采畦蔬，酌醴酒，相与挥麈，漫谈世事物情……”出自贾三近的小说《凤翔鹤举》。《凤翔鹤举》一书世上没有见到，有人认为，这部书稿，可能是《金瓶梅》。《金瓶梅》一书里运河码头的场景，是兰陵古镇繁荣的佐证。

说到泇运河以及兰陵的繁荣，不得不说泇运河边的“兰陵书院”。兰陵书院始建于春秋末期。创建者为鲁国高柴。高柴，字子羔，生于公元前 521 年，卒于公元前 393 年，享年 128 岁。高柴墓位于兰陵镇东北 5 公里的刘堡后村，西距临徐公路 500 米。高柴在兰陵创办兰陵书院，高柴的第五子高魁为副院长，并定居于此。高柴后裔、北齐高祖神武皇帝高欢之孙高长恭在北齐乾明元年被封为兰陵郡王，世称兰陵王。从寿圣高柴创建后，历经2000多年的风雨，兰陵书院在清朝乾隆四十八年在泇运河边重建，历经嘉庆、道光、咸丰三代的三次大修，光绪二十八年（1902年）改为校士馆，并增设小学堂。北伐期间改称学校、学堂名义延续至抗战爆发。新中国成立后，在兰陵书院原址建山东兰陵中学。运河文化和鲁南民俗文化进兰陵书院，让兰陵书院承载了运河文化的丰厚积淀，成为鲁南乃至山东文化高地，是兰陵文化繁荣的又一佐证。

泇运河的开通，对保证京杭大运河通畅、漕粮北运以及南北经济文化交流起到了重要作用，兰陵借运河之利而繁荣，成为水陆重镇。康乾时期，每年有将近万艘漕船和数万艘商船在泇运河通过，大量船民和商贩汇集兰陵，繁盛了市场，给当地居民提供了经商机会，改变了人们的思想观念。他们由农从商、从工、从渔、从运，兰陵成为繁华的运河枢纽重镇，华夏第一酒都。兰陵古城牌坊高悬的“逵达邹鲁”“衢通淮徐”匾额，见证了兰陵在明清时期的繁荣和辉煌。

国家发展改革委、国家淮委批准立项了西泇河治理、恢复古运河通航的项目，现在正在实施，届时古镇兰陵将再现当年“商贾天下、货达九州”的繁荣景象。

“入夜，一河渔火，歌声十里，夜不罢市。”①

好一片繁荣景象。

古今链接

交通变革对地域发展的强大驱动力：泇运河的开通，无疑是兰陵发展的关键转折点。它改变了京杭大运河的航线，避开黄河之险，缩短航程，增加通航时间，使兰陵获得宝贵的通航优势。南北漕运的拉动，带来大量人流、物流、资金流，刺激商业、手工业、渔业等多行业兴起，让兰陵从普通城镇跃升为水陆重镇、运河枢纽。这清晰地表明，交通条件的改善是地域经济文化发展的强大引擎。在现代社会，交通建设依旧是地区崛起的重要基石，提醒我们重视交通规划与基础设施完善，以促进区域协调发展。

重大工程背后的曲折历程与坚持：泇运河从动议到全

① “入夜，一河渔火，歌声十里，夜不罢市”：《峄县志》记载，在乾隆年间兰陵呈现出“商贾迤逦，入夜，一河渔火，歌声十里，夜不罢市”的繁荣景象。

线通航，历经30多年，跨越四个阶段，其间多位官员接力推进。从翁大立提议，到舒应龙、刘东星、李化龙等实干家的努力，他们克服重重困难，面对洪水泛滥、施工艰难等挑战，始终坚持不懈。这种历经波折却锲而不舍的精神，是泇运河得以开通的关键。这启示我们，重大项目建设往往不会一蹴而就，需要长期投入、坚定信念与持续努力，在追求发展的道路上，要勇于面对困难，发扬坚韧不拔的精神，才能实现宏伟目标。

历史传承与未来发展的延续性：历史上泇运河造就兰陵辉煌，如今西泇河治理、恢复古运河通航项目的推进，是对历史的传承与延续。兰陵有望再现“商贾天下、货达九州”盛景，让古老城镇在新时代焕发新活力。这让我们看到，尊重历史、挖掘历史资源，能为现代发展提供方向与动力，在城市建设与区域发展中，应注重历史文化的保护与利用，实现历史与现代的有机衔接，创造更美好的未来。

第二章

思想先贤 泽被后世

屈原与兰陵

兰陵，寓意王道乐土，亦即圣地。据历史记载，其地名应是春秋时期的楚国大夫屈原所拟定。

公元前 319 年，21 岁的屈原升任楚怀王左徒，成为楚国兼管内政外交的重要官员。同年秋，为联合抗秦，屈原首次东使齐国。后联兵攻秦，推行变法改革，与旧贵族顽固势力进行斗争。公元前 314 年，屈原因上官大夫之谗而见疏，被罢黜左徒，任三闾大夫。公元前 312 年，为缓和楚齐两国因争霸的对立，楚怀王起用屈原再次出使齐国，齐楚复交。

屈原是楚国政坛满怀理想主义抱负的政治家，又是一位充满浪漫主义气息的爱国诗人，作为楚国的官方使臣，两次到齐国活动，就是要楚齐结盟，联合阻止秦国武力的日益扩张，建设自己的国家，实现仁政治国的王道理念。

地处鲁南的兰陵镇在春秋时称次室邑，公元前 382 年，楚越争霸，鲁国衰落，楚占有次室邑，到屈原使齐时，楚国据有次室邑已 60 多年，成为楚地遥远的东北边陲。在春秋无义战的时代，周王早已有名无实，诸侯争霸，军事占领就是合法化。楚国是先秦时期最早在边疆地区实行郡县体制的诸侯国，在鲁国旧地建立新的县级行政管理机构，必须废除鲁国三桓专政时期遗留下来的旧地“次室”。楚人明白，边疆要稳定，军事不可放弃，但要让鲁国遗民接受楚国的统治，在治县策略上必须继承鲁国的儒家文化，孟子施行仁政的王道思想便是封建治国的最佳选择，楚人要用儒家理念治理鲁国旧地，同时还要打上楚国的印记。拟定一个既充满时代理想色彩又能让鲁南人欣然接受的新地名，早为楚国君臣所关注，其使命义不容辞地落在了政治家屈原身上。

《十三州志》载：“兰陵故鲁之次室邑，其后楚取之，改为兰陵县，汉因之。”《史记》载：“荀卿适楚，春申君以为兰陵令。”从楚国疆土变迁的历史可以看出，自楚国占领次室到公元前 256 年荀子任兰陵令，相距 126 年，“次室”

更名“兰陵”是在此间的某个时期。通过楚国史分析判断，兰陵拟名应产生在楚怀王时代，并与主管内政外交的政治家、浪漫主义诗人屈原使齐之行密切相关。

在烽烟四起、群雄争霸的战国时代，从当时各诸侯国版图上看，屈原从楚都郢（今湖北江陵县纪南城）东使齐国，出行路线只有以水路为主，最佳路线是乘舟东去，至扬州北上，沿吴国开掘的邗沟运道直达淮泗入泇水。次室邑处在泇水之上，是屈原乘船出行的必经之地，然后换乘陆路北上齐都临淄。屈原来到楚国占有了 60 多年的次室邑，作为主管民政外交事务的使臣，不能不对边疆地区拟名之事密切关注。次室之名带有浓厚的鲁国色彩，楚国要治理统治，地域正名非常重要，不然要永远背着占领他国土地的恶名，屈原将次室更名兰陵顺理成章。有人认为兰陵拟名应是荀子任县令时的事，此观点有些唐突。荀子任兰陵令和屈原使齐有 60 年的间隔，兰陵县邑名称应已存在，而此时的费、郓、邳、郯等小国相继被楚国兼并，但没有被楚国更名即被秦统一。有学者考究，荀子是接任兰陵令之职，只是前任不才，无法与后圣荀子一样青史留名而已。

屈原为何选“兰陵”二字拟名？目前对兰陵地名一般

解释是与兰花有关，因周围的高地上开满兰花而得名。这一观点毋庸置疑。黄淮流域是先秦时期经济文化最发达地区之一，气候温和而滋润，植被丰茂，兰花簇拥在广袤无垠的幽林之中。由于千百年割据战乱，林木伐尽，水土流失，虎豹匿迹，致使生态环境遭到毁灭性破坏，兰的芳踪萍迹已再难寻了。

楚人以“兰陵”作县治地名，是屈原封建治国理念的体现，极具理想色彩和浪漫气息。兰为山隅中的一种草本植物，名虽为草，实乃中华瑰宝。在神话传说中，仓颉创造的“兰（蘭）”字，犹如一幅美丽的画，门前绿草如茵，门内有请帖寓意的“柬”字中又是明月映照。孔子喻“兰为王者香”，左丘明说“兰有国香”，将兰提升为君子的高尚品德，孟子又将君子德行上升为“王道”。屈原时代的楚国朝野崇尚兰花，宫苑内广植兰花，香气弥漫宫廷，楚怀王给儿子起名“子兰”。屈原在《离骚》《九歌》《九章》等诗篇中，把兰比作“美女”“君子”“贤人”等崇拜之物。后人为纪念屈原，将其故乡秭归（今湖北省秭归县屈原镇）的一条河流命名为兰陵溪。“陵”字在古语含义中，有攀登、升高、超越、凌驾之意，引申为“乐土”。楚人以“兰陵”命名，就是在鲁南建设一片楚国的“王道乐土”之意。古邑兰陵已建立2600多年，兰陵不仅仅是一个地名专用词，而今已成为一种文化符号。其后萧氏将兰陵作为郡望圣地，诗人李白更将醉卧兰陵作为对故乡的精神寄托，至今未回故乡的海外文学大师王鼎钧读到改革开放后兰陵的变化时亦惊叹："真是庶矣哉！富矣哉！"

今天，兰陵所蕴含的文化底蕴与美好寄托正是我们所要传承和弘扬的精神理念。

古今链接

地域命名背后的历史考量与文化融合："兰陵"之名由屈原拟定，绝非偶然。彼时楚国占据次室邑，要实现稳固统治，消除鲁国旧印记、融入自身文化并安抚鲁南遗民至关重要。屈原作为政治家，以"兰陵"为名，既结合当地兰花繁茂的自然特征，更将楚地对兰花的文化崇尚与儒家"王道"思想相融合，赋予地名深刻内涵。这一命名过程，展现出地域命名是历史、文化、政治多重因素交织的结果，反映出不同文化在特定地域的碰撞与融合，启示我们地名承载着丰富的历史文化信息，是研究地域文化演变的重要线索。

历史人物对地域文化塑造的深远影响：屈原以其政治家的敏锐和诗人的浪漫，为兰陵注入独特文化基因。他将楚国对兰花的尊崇、对“王道”的追求融入地名，使兰陵从普通地域跃升为蕴含理想与浪漫气息的“王道乐土”。荀子两任兰陵令，传承儒家文化，进一步夯实兰陵文化根基。他们的活动不仅影响当时，更使兰陵在后世成为文化符号，李白醉卧兰陵、王鼎钧心系兰陵，皆因兰陵独特文化魅力。这表明历史人物凭借自身影响力，能深刻塑造地域文化特质，成为地域文化传承发展的关键推动力，提醒我们珍视历史人物在文化传承中的价值。

文化传承与地域发展的紧密联系：兰陵 2600 多年历史，从楚国边疆到文化圣地，其发展与文化传承息息相关。屈原赋予的文化内涵，在岁月中不断沉淀、丰富，吸引历代文人墨客，成为地域发展的精神支柱。如今，兰陵文化底蕴依旧是当地宝贵财富，激励着人们传承弘扬。这彰显出文化传承为地域发展提供源源不断的动力，地域发展又为文化传承创造条件，二者相辅相成。在现代社会，各地应挖掘地域文化根源，以文化引领发展，实现文化与地域的协同共进。

寿圣高柴

——兰陵三圣之一

兰陵大地，物华天宝，人杰地灵，在春秋战国时期就曾诞生三位圣人——寿圣高柴、宗圣曾子、后圣荀子，受他们思想的浸润，兰陵大地人才辈出，享誉华夏。

今天我为大家讲一讲第一圣——寿圣高柴。

高柴在今兰陵县兰陵镇讲授孔门之学 85 年，因长寿（128 岁，但有争议）被后人尊为“寿圣”。因为他的修为和声望，后人将他列为孔门“七十二贤”之一，唐朝封其“伯”，宋朝封其“侯”。

兰陵镇东北 5 公里的刘堡村村后有一大土丘，是商代文化遗址，土丘之上有一古墓，墓侧有古银杏树一株。墓后有清嘉庆乙亥年（1815 年）立的石碑，正面碑额刻篆书

“孔子弟子”，下刻楷书“先贤高子柴字子羔之墓”，右刻“唐封共城伯”，左刻“宋封共城侯”等。墓碑为高柴72世孙庠生柴衍洞和廪生柴兰皋所立。高柴是什么样的人，又为何能封伯、封侯？

史书记载：高柴（前521—前393），春秋末年齐国人，一说卫国人，字子羔，亦称子皋、子高、季皋，孔子弟子，小孔子30岁。他遵守礼制，孝敬父母，身躯矮小，状貌甚恶，有政治活动能力。曾为费宰、武城宰、成邑宰和卫之士师（卫国的副相，最高司法长官）等。在孔子弟子中，他担任的官职最多。高柴有儿子9人，孙子29人，其中长孙高举（又名柴举），以祖父名为姓，始有柴姓，高举为柴氏始祖。

高柴得以封侯，首先应是沾了他老师的光。自汉代以后，孔子的学说便成了两千多年中国封建文化的正统，历代封建统治者都把儒学神圣化、宗教化，并形成了对孔子和孔门重要弟子进行追封和祭祀的制度。唐代时，这一制度更加完善和充实，进一步明确了儒教祭祀的“神主”——于开元二十七年（739年）追谥孔子为“文宣王”，封颜子为“兖公”，封子路、闵子骞等十哲为“侯”，封曾参、高柴等为“伯”。宋时理学凸显，更加重视对儒教众贤圣的加封，追封孔子为“至圣文宣王”，又封十哲为“公”、高柴等为“侯”，以陪祀孔子。因高柴担任最大的官职为“卫之士师”，以卫国都城附近的共城（今河南辉县）为其封地。

高柴封侯，第二个原因是他的修为和声望。高柴最大的德行是“孝”。《文选·卷六十》中提到高柴“执亲之丧，泣血三年，未尝见齿，君子以为难矣”。即他为父母守孝三年间一直很悲痛，从来不笑，以至有成语“柴毁骨立”。孔子对他的孝行也很肯定：“高柴执亲之丧，则难能也。”高柴受世人赞誉的另一德行是仁爱之心，有“足不履影、启蛰不杀、方长不折”之说，意即他对动物、草木都怀有慈悲爱护之心，爱惜生灵，走路恐伤蝼蚁命，上山砍柴时不忍折刚长出新芽的枝条，而只砍干枯的树枝。他还有一个长处是为人忠厚憨直且为官公正廉明。他和子路是同窗好友，子路在鲁相季氏处任职时举荐高柴做费宰，孔子担心他太憨厚而不能胜任，认为子路害了他，没想到他干得很好。他在做卫之士师时严格依法办事、执法公平，又有仁爱之心，从不徇私舞弊，不仅受到孔子的称赞、百姓的颂扬，甚至连他惩办过斩足的犯人都敬重他，在他逃离发生了政变的卫国时还三次给他指路。而当时，他又曾劝子路不要回宫参与卫国贵族的内讧，子路不听其劝阻，结果回宫遇害。为此，孔子又认为高柴很明智，善于保身。

高柴封侯，最重要的原因还是封建统治者对以仁、义、礼、智、信、孝、忠、恕等为核心的儒家思想的需要和追捧。历代封建帝王都深知孔门之学对教化天下百姓、中和阶级矛盾、维护统治秩序的重要意义，特别是“孝”和“礼”的思想：“其为人也孝弟，而好犯上者，鲜矣；不好犯上，而好作乱者，未之有也”,“孝弟也者，其为仁之本”，“克己复礼，天下归仁焉”，如果人人都是遵守礼制的忠臣孝子，克制自己，不犯上更不作乱，自然也就会江山永固、天下太平。高柴自师从孔门后，模范实践孔门的学说，从不越礼法，又是个很有仁爱之心、至孝的人，堪为榜样，封他爵位，是为树立典范，也是统治者倡导儒家思想、教化民众的重要举措。

据刘堡村的老人说，高柴墓的墓基原来很大，占地十多亩，并建有庙宇，而现在周边已被村民取土或耕作，仅余不足一亩的地方，庙宇更荡然无存，古银杏也半边露根了。尽管此墓已列为县级重点文物保护单位，但高柴这位“先贤”似乎已逐渐淡出了人们的记忆，也没有人再学他“足不履影、启蛰不杀”了，然而，他孝敬双亲、宽厚仁慈、执法公平等美德，仍值得传颂。

古今链接

兰陵大地孕育了寿圣高柴等诸多圣人，其思想浸润着这片土地，成为地域文化的重要根基。高柴墓作为历史遗迹，承载着对他的纪念与文化传承。然而，如今墓基及周边环境遭到破坏，他也渐被遗忘，这警示我们要重视地域文化的挖掘、保护与传承，守护历史遗迹，铭记先贤，让地域文化得以延续和发展，因为它们是地方的灵魂与根脉。

高柴以孝、仁爱、忠厚憨直、为官公正廉明等德行著称。他守孝三年悲痛至深，对万物心怀慈悲，执法公平且不徇私。这些品德不仅赢得了当时人们的赞誉，也为后世树立了榜样。这启示我们，在现代社会，良好的品德修养依然至关重要，是个人立足社会、赢得尊重的基石，能促进人际关系和谐，推动社会良好风气的形成。

宗圣曾子

兰陵县向城镇西北有鄫国故城。鄫国是一个子爵小国，任人欺凌，灭亡前50多年间，就有两代国君惨遭邾、莒两个邻国杀害，城邦破碎，国土沦丧，太子巫带领家人逃到鲁国，是怕自己重蹈列位鄫君在大国争霸中被残杀的覆辙。太子巫没有再回到鄫国故地，他和后人在鲁国季孙氏的封邑南武城（今平邑县）长期居住下来。

鄫国太子巫为纪念自己的祖国，舍弃自己的姓氏“姒”，把“鄫”字去邑（即阝），取曾为氏，太子巫成为曾姓始祖。

鄫太子巫的第四代孙曾参即曾子（前505—前435），字子舆。被后世尊为“宗圣”。

其父曾点对儿子曾参管教很严。据《孔子家语》[①]载，有一次，曾点叫曾参去瓜地锄草，曾参不小心将一棵瓜苗锄掉。曾点认为他用心不专，便用棍子责打曾参。由于出手太重，将曾参打昏。当曾参苏醒后，立即退到一边“鼓琴而歌”，以此告诉父亲，作为儿子的他并没有因为被打而愤愤不平。孔子知道此事后说：“小杖则受，大杖则走，今参委身待暴怒，以陷父不义，安得孝乎！”曾参说：“参罪大矣！”据《孟子·尽心章》载：“曾皙嗜羊枣，而曾子不忍食羊枣。”以上史实被当地人总结，其后形成对全国产生巨大影响的“棍棒之下出孝子”之说。曾参之母上官氏病故后，曾点又续娶。曾参的后母对曾参不好，但曾参仍然很孝顺她，被世人传为美谈。曾点去世后，曾参薄葬其父于南城山。

曾子和父曾点都是孔子的学生，俱列孔门七十二贤。鲁定公五年（前 505 年），曾子生于鲁国的南武城，少孔子 46 岁，16 岁拜孔子为师，是孔子晚年的重要弟子和得意门生。他勤奋好学，颇得孔子真传。并积极推行儒家主张，

---

①《孔子家语》：又名《孔氏家语》，或简称《家语》，儒家类著作。原书二十七卷，今本为十卷，共四十四篇。是一部记录孔子及孔门弟子思想言行的著作。

传播儒家思想，并在修身和躬行孝道上颇有建树，是孔子学说的主要继承人和传播者，孔子临终将其孙孔鲤之遗孤子思（孔伋、孟子的老师）托付于曾参，所以曾子在儒家文化中居承上启下的重要地位。曾参收徒讲学，弟子也有70多人，后来成为大军事家的吴起就是其中之一。

父母死后，曾参南游楚国，也做过“尊官”。然而后来还是告别了政坛。齐国、楚国、晋国分别想迎他为“相”“令尹”“上卿”，他一概不就任，而专心致力于忠、孝、仁、义的学业研究和传授弟子，终成一代儒学大师。更为难得的是，他一生中还撰有《孝经》《曾子》《大学》等多种著作，是孔门弟子中著述较丰的一个，因而，他的思想学说也相对系统、完整一些。

尽传孔子之孝，坚持奉行孝道，是曾参思想学说的一个最重要的特点。认为“慎终，追远，民德归厚矣”（见《论语·学而》）。意思是说，只要提倡慎重地对待父母的丧葬，追念祖先，民众就会忠厚老实起来。类似的观点，他曾多次谈到。在他看来，“孝”对于社会安定、家庭和睦是至关重要的。丰富了儒家学派关于孝行的基本理论。孔子卒，曾参若父丧而无服，守孔子墓3年。曾参39岁时，离开武城进入越国讲学。相传曾子曾在今山东省兰陵县磨山镇华岩寺村讲学授徒。曾参到鄫国故地追念先祖，凭吊故国，实践了自己“慎终追远”的主张。

元朝中期，磨山镇北面凤仪村里做过江西财赋提举司的管文通（本地传说管御史）致政回到家乡，顺应时代潮流，借曾子凤凰山前讲学授徒之典，于至正二年（1342 年）创建曾子书院（又名凤山书院、宗圣堂、曾子庙）。他参照孔庙的祭祀形式，模仿江南书院的风韵布局，巧心设计，精心指导，使其既是朝祀宗圣，又是供人读书学习的场所。别具一格，让人耳目一新。后来“曾子书院”搬至郯城县，改名“一贯书院”，直至清末民国初年还招收学生。

曾参还提出了“吾日三省吾身”（《论语・学而》）的修养方法。认为一个人每天都要多次进行自我检查，对“忠”“信”“习”等各种问题及时反省。曾参年老病重时，曾将其弟子召来说，做人处事，要如《诗》里说的那样，“战战兢兢，如临深渊，如履薄冰”，避免犯更多的错误。当别人不在时，要像大家都在看着、都在指着自己一样，去严格要求自己，做好事情。公元前 435 年，曾参卒，终年 71 岁。葬于嘉祥县南武山西南的玄武山下。

缯（曾）氏后人一直以遵行曾子“孝”道著称，曾子也被封建统治者尊为“宗圣”，从而声名显赫，家族昌盛。

古今链接

家族传承与文化溯源：曾子家族由鄫国太子巫为纪念祖国改姓而来，这一经历凸显家族传承与文化溯源的重要性。姓氏变更背后是对家国的铭记，曾子在这样的家族背景下成长，深受先辈精神影响。这启示我们，探寻家族根源能更好地理解自身文化，家族文化的延续承载着先辈的精神与价值观，为后代提供精神滋养与行为指引，是文化传承的重要脉络。

孝道内涵的深度理解：曾子的孝道体现在诸多方面，如对父亲严厉管教的顺从，即便被打也以特殊方式化解父亲愧疚；对后母的孝顺亦传为美谈。他践行的孝道不仅是顺从长辈，更是维护家庭和谐，避免父亲陷入不义。“棍棒底下出孝子”虽有争议，但反映出当时对孝道的极端认知，而曾子的做法提醒我们，真正的孝要基于理解、尊重与智慧，关注长辈与自身的尊严及合理权益，是一种积极、良性的家庭情感互动。

教育与文化传承的结合：曾子收徒讲学，弟子众多，其教育活动推动了儒家思想传播。元朝管文通创建曾子书院，将朝祀宗圣与教育结合，延续曾子教育传统。这表明教育是文化传承的重要途径，将文化名人的精神与教育融合，既能传承文化精髓，又能培养人才。当今社会应重视教育与文化传承的紧密联系，利用文化资源丰富教育内涵，通过教育让优秀文化代代相传。

后圣荀子

荀子是战国末期思想家、教育家，先秦思想文化的集大成者。世人称他为后圣。他一生曾三次游于齐国，一次游说秦昭王，一次游说赵孝成王，三次入楚而两次任兰陵令，废官后在兰陵著书讲学，终老兰陵，其墓祠在今兰陵县兰陵镇东南 1 公里处。总结荀子的一生，他的哲学思想、治国方略兴发于赵国，提高于齐国，实用于楚国（兰陵）。荀子来兰陵时他的哲学思想及治国方略基本形成，在兰陵只是实践过程，即把他的理论与实践结合起来。

兰陵可以说是荀子梦成的地方，他的思想学说、政治主张在兰陵才得以施展。没有兰陵，便没有荀子的用武之地；反之，没有荀子，便没有兰陵这个千年古镇，他给兰陵带来的文化底蕴是不可估量的，是挖掘不尽的。

公元前 284 年，30 岁左右的荀子第一次到楚国，他是被逼无奈。齐滑王落败，几乎到了亡国的地步，他在齐国待不下去了，彼时他的学识已经有了很大的提高，他在离开家乡赵国时，已近而立之年，他就立志，以求出仕之路，游于齐使他增长了阅历。可以说这次入楚几乎跟兰陵没有关系，只是投奔楚国的大家族黄歇门下，做了黄歇的家臣。在此，他考察了楚国的政治、军事、风土人情等，同时结识了楚国的达官贵人，通过黄歇的帮助，提高了在楚国的影响，为后来在兰陵做县令打下了坚实的基础。

荀子第二次入楚是公元前 255 年，即楚考烈王八年，楚国兼并了鲁国，为了巩固北部边防，设兰陵为县治，这时候，荀子的老朋友黄歇被拜为楚相，史称春申君。这一年，荀子应在 60 岁左右，走马上任做了兰陵令。

这个时候，荀子的哲学思想及治国方略已经形成，且达到了相当的境界，在这之前，他曾两次入齐、一次入秦去游说齐襄王、齐王建和秦昭王采纳自己的政治主张。《史记·孟子荀卿列传》载："齐襄王时，而荀卿最为老师。齐尚修列大夫之缺，而荀卿三为祭酒焉。""最为老师"是说荀子的学问最大、知识最丰富，"三为祭酒"可以理解为三次做祭酒或者多次做祭酒，祭酒是文化界的最高长官，可见齐襄王对荀子的重视。可以说，荀子的哲学思想和政治思想日臻成熟。他来到兰陵后，便把两次入齐一次入秦游说于人的政治主张全都用在兰陵的治理上，积极推行他的“明分使群”“隆礼尊贤”“平政爱民”等主张，真正实行“力术止、义术行”，用“王道”治国，起用儒生，韩非、李斯等人此时都慕名来到兰陵。两三年的时间，他就把兰陵治理得井然有序，赢得了楚王和春申君的信任。正在荀子准备把自己的主张进一步付诸实施，更好地治理兰陵时，却遭到谗言，说他管理着百里大的地盘，又跟齐国接壤，他在齐国多年，又非常有才能，是非常危险的。其实春申君也担心，便听信谗言，辞了荀子。荀子无奈，带着李斯回到了阔别 30 多年的故乡。

荀子第三次入楚在公元前 251 年，即楚考烈王十二年，第二次就任兰陵令，这一次荀子没能离开兰陵，直至卒后葬于此地。

春申君再一次力邀荀子，荀子是不想来的，因为他蒙受了不白之冤，有些心灰意冷，但他又不甘心自己的远大抱负、治国之术白白浪费，况且他在故乡赵国时赵孝成王也不赞成他用“礼义教化”管理军队的方法，赵孝成王也不用他，他跟春申君又是多年的交情，便才到任。这一次，可以说荀子理想基本实现，他的哲学思想、治国之术得到充分的施展，长达十几年的治理，把兰陵治理得空前繁荣，一片歌舞升平。

在兰陵，他继续推行他的政治主张，首先采用“平政爱民”的政治策略，他提出“强本而节用”“轻徭薄赋”等主张，荀子说：“不富无以养民情，不教无以理民性。”减轻农民负担，增加农民收入，大兴商业，兴修水利，鼓励农民大搞养殖业，合理利用资源。其次，他制定了廉洁自律制度，要求大小官吏勤政廉洁，守法自律，要求民众更要守法，商人不欺不诈，做工的不偷工减料，农民尽力耕作。对官严对民松，以人为本，以民为本，努力建造一个平等的社会。再次，在用人上，荀子注重用“贤”，认为只有“贤德”的人才可用，才能使用他的“能”，他非常注重对下属的管理，重用一批“贤能”之人，他们也成为荀子的得力助手。

公元前 238 年，即楚考烈王二十五年，楚国内乱，春申君遭难，荀子被罢官，这时荀子也有 70 多岁了。

荀子两任兰陵令，前后 18 年，凭花甲之力，殚精竭虑，把兰陵治理得一片繁荣，正如荀子自己所言：“四海之内若一家。"

他对兰陵的贡献将永载史册。

古今链接

个人与地域的相互成就：荀子与兰陵的关系体现了个人与地域相互成就的深刻内涵。兰陵为荀子提供了施展其哲学思想与治国方略的舞台，荀子的努力则让兰陵从一个普通之地发展为繁荣之邑，赋予其深厚文化底蕴。这启示我们，个人的才能若与合适的环境相结合，便能创造非凡价值，而地域积极接纳优秀人才，也会实现飞越式发展。个体在追求理想时，应善于寻找能发挥自身价值的平台，地区发展也需重视人才引入与培养，实现双向奔赴。

理想追求的执着坚守：荀子一生多次游历各国，为推行自己的政治主张不懈努力，即便遭遇谗言被罢官，仍未放弃。从第一次入楚积累经验，到在齐国声名鹊起，再到两次出任兰陵令，他始终坚持"明分使群""隆礼尊贤""平政爱民"等理念。面对赵孝成王的不认可、春申君的误解，他在迷茫中仍选择回到兰陵，继续践行理想。这种执着精神激励我们，在面对困境与挫折时，要坚定信念，不轻易言弃，为实现目标持续奋进。

时代机遇与挑战并存：荀子所处时代，各国纷争不断，政治环境复杂。齐湣王落败使他离开齐国，楚国的局势变化影响他在兰陵的仕途。但这种动荡也为他提供了游历各国、丰富阅历、传播思想的机遇。这让我们认识到，时代虽充满不确定性与挑战，但也蕴含着无限机遇。面对时代浪潮，我们应保持敏锐洞察力，善于把握机遇，勇敢应对挑战，在时代变革中实现自身价值。

荀子之谜

荀子，名况，赵国（今山西省）人，时人尊称为荀卿，汉宣帝讳询，汉人避讳故而称为孙卿。战国末期伟大的思想家、教育家，继孔子、孟子后儒家文化的杰出代表，先秦思想文化的集大成者，后人尊称为“后圣”。

荀子父早亡，家贫，跟在叔父荀令清身边长大成人，“兴于赵、高于齐、用于楚”九个字概括了荀子的一生。游学于齐国，在稷下学宫“三为祭酒”，曾“劝谏齐相、论政于秦、议兵于赵”，均不被用，60 岁左右赴兰陵，两任兰陵令前后 18 年，是荀子一生最辉煌的时期，公元前 238 年罢官后居家兰陵，设学馆著书讲学，终卒于此，墓祠在今西兰陵镇东南 1 公里处。

荀子的学术思想集中体现在《荀子》中，经汉刘向整理为 32 篇，流传至今。“隆礼重法”是荀子政治主张的中心，强调封建等级，反对世袭。认为性“本恶”，和孟子的“性善论”相反。经济上提出“强本节用、开源节流”等主张，并提出“制天命而用之”的人定胜天思想。

荀子的一生极其辉煌，集思想、教育大家于一身，能出其右者甚少，研究者历朝历代不乏其人，但还是给后人留下了一些学术界、史学界颇有争议的难解之谜。

荀子的出生地是哪里？荀子出生于赵国没有争议，但究竟是赵国的何地争议颇大。有人认为是今山西省安泽县，其根据是“晋国荀氏出自原氏，原氏封邑就在安泽”；有人认为荀子出生在今山西省新绛县，其理由是“荀子祖籍古荀国，乃今新绛县之席村，原称荀城，即古荀国之都城”；也有人说是今山西省临猗县的，说“郇，古国名，姬姓，文王之子封于此。今山西临猗，春秋为晋地”。有人把荀子说成赵国邯郸人，《史记》把荀子称“赵人”，因为邯郸是赵国的首都，只有邯郸才可以称“赵”。以至于荀子成为历史名人中极少见的只有“国籍”，没有“故籍”“户籍”的名人。

荀子是哪年出生、哪年去世的？华东理工大学荀子研究所认为是“约公元前298—前238”，和山东大学教授蔡德贵的研究观点一致；而山西省社会科学院研究中心主任马志超认为荀子出生于约公元前300年；1999年版的《辞海》上是“约公元前313—前238”；兰陵县政协文史委主任张文强考证为“约公元前313—约前230”，笔者认为张文强主任的考证是有根据的，荀子在约公元前238年被罢官，并不是当年就去世的，又设学馆著述讲学多年。

荀子始游于齐时到底多大？荀子在齐国即孔孟之乡成就了自己的思想学说，确立了他在学术界的地位，可对于他哪一年来到齐国争议很大。荀子研究专家周立升说“荀子15岁游学于齐”，有书上说是公元前284年前后荀子30岁上下，而山西省社会科学院的研究员马志超、李吉则认为“荀子50岁时始游于齐国稷下”。

荀子在齐国稷下学宫“三为祭酒”，当时“祭酒”是什么职位？山东大学教授蔡德贵通俗地解释为“也就是最早的大学校长”，又说“整个学宫的领袖称祭酒，祭酒是学宫的主持人”；马志超、李吉二人解释为“国学首领”；山西省社会科学院高专诚研究员认为：“在荀子时代，或者根本就没有‘祭酒’的说法，或者‘祭酒’只是国礼所述一项礼仪或某项礼仪中的一个环节，而与某个团体的领袖或某种学术活动的带头人是毫不相干的。称荀子为祭酒，不过是司马迁袭用西汉前期的流行叫法，如果他能确实荀子在稷下做首领时的确切叫法，就不该使用他那个时代习用的尊号。”

荀子的地位为何不如孔孟？郭沫若说：“荀子是先秦诸子中最后一位大师，他不仅集了儒家的大成，而且可以说是集了百家的大成的。”成就如此之高，地位为何不如孔孟呢？有人认为正是荀子的人道原则造成的。人道原则，在荀子那儿，既与孔孟前后相承，又与二者有异，孔子以仁为核心展开其人道原则，孟子以义为轴心展开其人道原则，荀子则以礼作为人道之极。荀子认为，人生活在社会中，如果没有等级的区分，人们都处于相同的地位，在欲望的驱使下，必然会产生争斗，若不对其加以控制，社会和国家就会出问题，要解决这一问题，最好的方法便是以“礼”来区分社会等级。因而等级差异不但不能取消，反而区分得越清晰、界限得越明确越好，从而维持稳定的社会关系和良好的社会秩序。他的观点违背了统治阶级的利益，同时也违背了“等级低下”的人的利益。在漫长的封建社会，由于封建统治者把孔孟学派奉为儒家正宗，所以对孔孟学派的观点作过尖锐批判的荀子便受到封建正统学派的污蔑和攻击，扬孔孟而抑荀子，使得荀子之地位没有孔孟那样炫耀显赫。

古今链接

文化传承中的认知困境：荀子作为伟大的思想家、教育家，先秦思想文化的集大成者，却在出生地、生卒年、游学齐国时间等基本生平信息上存在诸多争议，甚至连“祭酒”职位的界定都莫衷一是，这反映出文化传承过程中，历史资料的缺失、解读的差异会给后人认知带来巨大困难。我们如今接触到的历史人物与事件，或许只是残缺不全的片段，需要严谨考证、深入研究，才能尽量还原真实。这也警示我们，对待文化遗产，要有审慎态度，尊重不同观点，在探索中逐步趋近历史真相，避免因片面认知而误解先贤。

个人命运与时代的关联：荀子一生“兴于赵、高于齐、用于楚”，在各国游历，虽思想成熟，却多次不被重用，直到任兰陵令才迎来辉煌。其命运与时代紧密相连，战国末期各国局势复杂，政治理念更迭频繁，荀子的思想未契合当时统治者急功近利的需求。但他在兰陵实现抱负，著书讲学，影响深远。这启示我们，个人命运受时代大环境制约，即便怀才不遇，也应坚守信念，寻找机遇。时代虽会限制个人发展，却也会为有准备者提供舞台，在时代浪潮中，个人的坚持与努力能书写别样人生。

荀子思想与兰陵文化名人

大思想家、教育家、儒学后圣荀子的思想文化学说给兰陵大地注入了无限的文化营养，开启了兰陵文化现象，培育了无数的文化名人。

荀子在兰陵担任县令长达 18 年之久，卸任后，他于兰陵创立学馆，致力于传道授业、解疑释惑，这一奉献又持续了数载春秋，直至其生命的终章。他最终安息于这片他深爱的土地，墓祠静立于今兰陵镇东南 1 公里之处。荀子逝世后，其遗体被安葬于兰陵，历代帝王与朝臣纷纷在此地对他的墓祠进行修缮、增补与重建，这一历史变迁不仅是对荀子本人的缅怀，更深刻映射出荀子文化思想对兰陵地域的深远影响。兰陵历代学子视荀子为神明般尊崇，追思古昔，慷慨解囊，共筑祠宇，镌石立碑，以此铭记荀子在兰陵乃至整个中国文化史上树立的不朽丰功伟绩，光耀千秋。他对兰陵文化繁荣发展的巨大贡献，犹如历史长河中璀璨的星辰，永载史册。荀子作为继孔孟之后儒家学派的代表人物，在把孔子儒学思想推向前进的过程中，吸取了先秦诸家的思想精髓，形成了既“隆礼”又“重法”的思想主张，他的隆礼重法的政治学说，在当时是一种比较客观合理的政治主张。荀子同时是先秦时期朴素唯物主义思想的杰出代表，他提出了“制天命而用之”的人定胜天思想，他的天道观、认识论、逻辑学等都达到了先秦思想的最高水平，成为我国后来唯物主义哲学家的理论基础，他的唯物主义思想在历史上有着“巨大的创造性和进步意义”。他的文化思想深深地渗透到兰陵大地，浸润着兰陵大地，使其涌现出一大批名垂青史的巨儒、卿相、学者，从战国末期到现在层出不穷，形成了底蕴丰厚、多善为学、源远流长的兰陵文化。兰陵人萧望之、匡衡、鲍照、萧统、贾仲明、王思衍、兰陵笑笑生、王思玷、王鼎钧等为杰出的代表。

汉代著名学者刘向曾说：“兰陵多善为学，盖以孙卿也。”著名史学家班固在《汉书》中云：“东海多卿相。”两汉时期，兰陵秉承荀子遗风，精研儒学，达到相当的高度。萧望之潜心研究《齐诗》10年，精通《尚书》和《诗经》，以治学《齐诗》闻名京师，官职做到太子太傅；匡衡一个“凿壁偷光”的故事令人感佩，他也最终成为西汉著名的经学家，官拜丞相；东汉著名大臣王良，以节俭、清廉著称，是研究《尚书》造诣极深的学者。

鲍照是兰陵文化的又一杰出代表，南朝宋文学家、诗人，长于乐府，尤善七言歌行，其诗今存200多首，后人评为“开人世所未有，后太白（李白）往往效之”。梁武帝萧衍，乃汉著名大儒萧望之正传嫡孙，博学多通，长文学，精乐律，撰有《群经讲疏》200余卷。其子昭明太子萧统，编著了中国文学史上第一部诗文合集《昭明文选》，在中国文学史乃至世界文学史上都是一座丰碑。

荀子的《劝学篇》至今仍是中国学子的必读之文，在兰陵大地更是家喻户晓、妇孺皆知，奉若“圣书”，农夫渔樵也可背诵若干，常用来教育后人，开启愚钝。荀子高超的创作艺术为后世涌现的兰陵文学巨匠所采纳运用，对后人创作才能的提高、创作内容的丰富都有极大的帮助，是兰陵文化取之不尽用之不竭的源泉。天下第一奇书《金瓶梅》的作者“兰陵笑笑生”是兰陵文化代表中最杰出的代表之一，他调动了自己全部的生活体验、学术修养及文学素质，充分体现了他生活环境的地域文化即“兰陵文化”的内涵，地方方言、俚俗小曲、兰陵药酒、糖醋大蒜等道出了“兰陵笑笑生”就是土生土长的兰陵人。《金瓶梅》是可跟《红楼梦》相媲美的小说，是一“俗”一“雅”文学巨著的两座高峰。

王思衍是清光绪年间科举进士三甲第一名，熟习《周易》，对《道德经》颇有研究，八国联军侵犯北京时，因不满太后丧权辱国的策略，不随驾西逃，愤而引退故乡兰陵，著书立说，设家塾治学，颇具荀子遗风。1938 年 2 月，日军飞机轰炸兰陵，王思衍羞做亡国奴，悲愤自缢身亡，谱写了一章爱国曲。反帝反封建志士王思玷，酷爱文学，一面教书一面进行文学创作，作品颇丰，被文学泰斗茅盾赞誉为“午夜彗星”，可惜，后来在北伐战争中献身。

兰陵文化是一块丰厚的宝地：土生土长的“猴呱嗒鞭舞”，高柴封侯“孝”文化，作字沟“仓颉造字”文化，文峰山季文子“廉洁”文化，宗圣曾子文化，匡衡“凿壁偷光”的求学精神，萧氏宗族文化，王氏家族文化，兰陵酒文化，以赵鏄、郭云舫烈士为代表的红色文化……我们后人必须更加努力，使兰陵文化更加灿烂辉煌。

古今链接

思想传承对地域文化的深远塑造：荀子思想深深扎根兰陵，其“隆礼重法”与朴素唯物主义等观点，如同一颗文化种子，在兰陵大地生根发芽。汉代众多精通儒学的兰陵学者，像萧望之、匡衡等，以及后世诸多文学巨匠，皆深受其影响。这启示我们，优秀思想能跨越时空，成为地域文化的基石，持续滋养一方水土，塑造当地人的价值观与精神风貌。地域文化发展应珍视思想传承，挖掘其蕴含的文化精髓，让传统思想在现代社会焕发新活力。

文化名人对地域文化的丰富与传承：从汉代的萧望之、匡衡，到南朝的鲍照、萧衍、萧统，再到“兰陵笑笑生”、王思衍、王思玷等，历代兰陵文化名人以各自的成就丰富了兰陵文化内涵。他们或是在学术研究上造诣深厚，或是文学创作独树一帜，或是在时代浪潮中展现高尚气节。这些名人成为地域文化的生动注脚，他们的作品、事迹是文化传承的宝贵载体，激励后人不断探索创新，延续地域文化的辉煌。当代人应重视文化名人的价值，保护其遗产，宣传其事迹，传承其精神。

文化传承中的责任与担当：历代兰陵学子对荀子墓祠的维护、修缮，以及当地人对本土文化的珍视，体现了对文化传承的责任担当。在当代社会，我们更应肩负起传承地域文化的使命，深入挖掘地域文化资源，加大文化保护力度，创新文化传播方式，让兰陵文化及其他地域文化在新时代绽放光彩，为中华文化的繁荣发展贡献力量。

李白赋诗在兰陵

李白，我国唐代伟大的浪漫主义诗人，字太白，号青莲居士，有“诗仙”之美誉。因为李白有很长一段时间生活在山东，以至于杜甫等人都认为李白是山东人。他在公元 740 年（唐开元二十八年）秋天流落到兰陵，痛饮兰陵美酒，为鲁酒和兰陵酒留下了两首诗篇。

唐开元十三年（725 年），26 岁的李白身佩长剑，毅然辞别巴山蜀水的钟灵毓秀，踏上了漫游四海的羁旅之路。行至湖北安陆时，他与前朝宰相许圉师的孙女缔结良缘，婚后育有一双儿女 —— 女儿李平阳、儿子李伯禽。其中，“明月奴”“玻璃”实为二人小名，前者取自皓月清辉之雅意，后者因“颇黎”（玻璃古称）晶莹剔透，暗含李白对子女的珍视与期冀。

然而，命运无常。许氏在诞下伯禽数月后，便因病香消玉殒。丧妻之痛与生活变故，令安陆这座承载着往昔温情的城池，再难留住李白漂泊的心。他遂将田产尽皆变卖，携一双稚子，连同自幼从蜀地带出的书童丹砂夫妇，举家北迁至任城（今山东济宁）。对外，李白宣称迁居东鲁是为精研剑术，实则是因生计所迫，希冀投奔亲友，为子女谋求一方安稳容身之所。此番迁徙，不仅是地理空间的转移，更昭示着这位诗仙人生新阶段的开启。

李白在任城生活的时间不长，由于恃才放旷得罪了官吏、由于给儿子取名“伯禽”[①]得罪了百姓，又加上寄人篱下，所以他生活得并不幸福。兖州长史迁任他处，李白老远前来赋诗送行，这位刘长史只打发他几段鲁缟，李白很不高兴，于是当场赋诗一首：“鲁国一杯水，难容横海鳞。仲尼且不敬，况乃寻常人。白玉换斗粟，黄金买尺薪。……他日见张禄，绨袍怀旧恩。”刘长史一看非常生气，这不是讽刺他吗？说李白吃东鲁，骂东鲁，是个恶讨善吃的痞子。从此李白把东鲁的州县长官差不多都得罪了。李白儿

① 伯禽：周朝诸侯国鲁国第一任国君，称“鲁公”。

子4岁时发蒙读书，就不能叫小名玻璃了，他给儿子取了个“伯禽”的大名，私塾老师一听，大吃一惊。这“伯禽”本是周公之子，封于鲁，在位46年，算是兖州、曲阜、济宁这一带的老祖宗，有的家庭甚至供奉着他的牌位。消息一传开，李白在东鲁人的心目中成了个目无圣贤的怪物。

李白在公元740年秋天，沿京杭大运河南下，来到了现在兰陵县境内的酒都兰陵镇，在汶河岸边的一个小酒店里住了下来，天天饮酒作乐，喝光了店里的兰陵酒，花光了手里的散碎银。一个秋雨蒙蒙的天气，李白无酒可饮，无友可谈，正在郁郁寡欢，忽然店小二来报，说有故人来访。只见一位三十上下的青年人，右手提两尾鲤鱼，左手提一坛黄酒（就是现在的兰陵美酒，那时候叫兰陵黄酒），走了进来，放下手中东西，朝李白深深一揖，自称“兰陵县小吏冯七郎”，并指着东西说：“些许土产，不成敬意。”李白见不认识，便不接受，冯七郎笑着说：“在下自弱冠以来，即诵先生之诗，仰先生之名，诗卷中日日相见，口碑中处处相逢，岂能和先生不识？”李白一听，哈哈大笑，认为冯七郎也是一位豪俊之士，吩咐店小二把鲤鱼做了，饱餐一顿，痛饮一番。冯七郎早已把笔墨纸砚准备好了，请李白作诗留念。李白酒至半酣，挥笔如行云流水，写下了诗一首：

酬中都小吏携斗酒双鱼于逆旅见赠

鲁酒若琥珀，汶鱼紫锦鳞。
山东豪吏有俊气，手携此物赠远人。
意气相倾两相顾，斗酒双鱼表情素。
双鳃呀呷鳍（qí）鬣（liè）[①]张，蹳刺银盘欲飞去。
呼儿拂几霜刃挥，红肌花落白雪霏。
为君下箸一餐饱，醉著金鞍上马归。

写了一首，意犹未尽，又写下一首：

客中行

兰陵美酒郁金香，玉碗盛来琥珀光。
但使主人能醉客，不知何处是他乡。

兰陵，点出作客之地，但把它和美酒联系起来，便一扫令人沮丧的外乡异地凄楚情绪，而带有一种使人迷恋的

① 鳍（qí）鬣（liè）：一种海怪，很凶猛，可以翻船。

感情色彩。著名的兰陵美酒，是用郁金加工浸制，带着醇浓的香味，又是盛在晶莹润泽的玉碗里，看去犹如琥珀般的光艳。诗人面对美酒，愉悦兴奋之情自可想见了。后两句诗，诗人并非没有意识到是在他乡，当然也并非丝毫不想念故乡，但是，这些都在兰陵美酒面前被冲淡了。一种流连忘返的情绪，乐于在客中、乐于在朋友面前尽情欢醉的情绪完全支配了他。由身在客中发展到乐而不觉其为他乡，正是这首诗不同于一般羁旅之作的地方。

古今链接

李白因生活不顺，得罪东鲁地方官员与百姓，无奈南下至兰陵。在兰陵的独特生活体验，如与小吏冯七郎的相遇，触发了他的创作灵感，留下两首经典诗篇。这表明人生的起起落落、不同的境遇与经历，是文学创作的重要源泉。创作者所处的环境、遭遇的人事，能极大地丰富其情感世界，从而在作品中呈现出独特的感悟与表达，提醒创作者关注生活，从真实经历中汲取养分。

李白的《客中行》等诗篇，生动描绘了兰陵美酒，让兰陵美酒声名远扬，提升了兰陵的文化知名度。这表明优秀的文学作品具有强大的传播力，能够成为地域文化的生动名片，使一个地方被更多人知晓、向往。各地应重视文学创作在文化传播中的作用，鼓励创作者书写地域特色，借助文学力量提升地域文化影响力。

第三章

文化传承 字载文明

仓颉造字作字村

就在古镇兰陵东北部西泇河畔，有一个村庄叫作字村。村旁有一座仓颉庙。相传“造字圣人”仓颉（也作“苍颉”，姓侯刚，号史皇氏，黄帝时史官）曾在作字村运用他超人的智慧造出了无与伦比的汉字，从而结束了史前古人结绳记事的蒙昧时代，为中华民族逐步走向文明作出了巨大的贡献。而作为我国历史上伟大的思想家荀况在他的名著《荀子》中把仓颉造字记入典籍中，他是把仓颉首次写入典籍的人。

荀子生于约公元前 313 年，卒于约公元前 230 年，生活的年代距今约 2400 年。荀子在兰陵当了 18 年的县令，在此生活了很长时间，写书讲学，研究学术。作字村在荀子辖下，且距其治所仅 8 公里，这也就不难解释荀子为何成了历史上把仓颉写进典籍的第一人。

作为一个严谨的儒家学者，他认可了（至少是部分认可）当地的关于仓颉造字的传说和遗迹。荀子在《荀子·解蔽》中说：“故好书者众矣，而仓颉独传者，壹也。”后人对“壹”字有不同的理解，有人解释作“专一”，把《荀子》中的这句话理解成：“仓颉是众多好书者中用心专一而最有成就的一个。”又有人以“壹”为“同一”“统一”，认为《荀子》中的这句话应当理解为仓颉整理过文字。还有人认为“壹”指正道，也就是正确的规律，“壹”与“两”相对，不受邪说的蒙蔽叫作“壹”，后稷之于稼，夔①之于乐，舜之于义，和仓颉之于书一样，都是因为专门从事某方面的工作，从而掌握了正确的规律，才能独传。

但不管怎样，荀子笔下的仓颉就应该是兰陵镇作字村传说中的仓颉。相传陕西等其他地方也有仓颉造字的传说，而各地的典籍中相关记载却少见。这也就是说，兰陵镇作字村仓颉造字的传说有可能比其他地方的相关传说要更真

---

① 夔（kuí）：相传为尧、舜时代的国家乐官。

实。做这样的论证，只是想证明兰陵县兰陵镇作字村最起码是仓颉造字的地方之一。

兰陵是块风水宝地

兰陵，中国古代名邑。据传，兰陵这个富有诗情画意的名字，是由其附近十陵上的兰草繁茂、兰花芳香而得来，由楚国大夫屈原命名。在兰陵镇驻地东北 8 公里处的作字村，发源于山东七十二名崮之一的抱犊崮的西泇河，呈“之”字形从村旁缓缓流过，仿佛承载了过多的历史积淀；河水清亮，水鸟不时轻盈掠过，又好似携带着逼人的灵气。河岸上古树参天，树林茂密，风光旖旎。鄫国故城就在村北 4 公里处。凡是到过这里的人，无不感叹这里真是一块“风水宝地”。

作为上古时代三皇之首的伏羲氏，就是古代东夷族的著名首领。而当时东夷族的主要发源地就是鲁中南地区，临沂及兰陵一带当属其中。伏羲氏根据阴阳变化的道理，创制了八卦，用八种简单而寓意深长的符号，概括了天地间的万事万物。他模仿蜘蛛结网，创造了渔网，教导人们从事渔猎畜牧。他还创制了乐器“瑟”，创作了乐曲《驾辨》。也就是说，在伏羲氏时代，东夷部族的经济文化已经相当发达。后来，黄帝在分别战败了蚩尤和炎帝之后，占领了黄、淮下游地区（这里原是黄帝和蚩尤的控制区），统一了天下。他时常带领百官巡行天下，朝会各部落，以镇不服。作为黄帝史官的仓颉，跟随黄帝巡行天下时，来到风景秀美的兰陵作字村是完全可能的。

天下无二作

现在的作字村是一个有着一千多人口的大村庄，老人们经常说这里就是仓颉造字的地方，为纪念仓颉造字，在此修建了仓颉庙，村名也是由此而来的。村南有一条水沟，后来村子发展大了，水沟以南便有了民居。新中国成立后划分行政村时，为了方便管理，作字村便被划分为两个村庄，称为作字沟北村和作字沟南村。“天下无二作”，作字村的村民都说，自古以来，在全国也只有这里叫“作字村”。

仓颉是轩辕黄帝的史官。相传远古时代没有文字，人们经历了一段实物帮助记事的时期，结绳记事就是其中一种。所谓“结绳”，是用在绳子上打结的办法帮助人们记忆，处理日常生活中的一些事务，大大小小的绳结用不同的搭配方式表示不同的意思。但是这很不方便，于是，黄帝就叫仓颉来造字。

过了很长时间，他一个字也没造出来，很是着急。这天正逢入冬以来的第一场雪，苦恼的仓颉冒着大雪到树林中散步。白雪茫茫，大地一片银装素裹。这时，几只小鸟突然飞到了雪地里找食吃，又有几只小鹿突然从仓颉的身边跑过，有一只还调皮地停下来看了仓颉一眼才跑开。这时的仓颉猛然看到雪地上留下的小鸟和小鹿的各不相同的印迹，灵光一闪，心头泛起一阵惊喜：这不就是最好的记事方法吗？因为仓颉生来就长了四只眼，上边两只眼能观天，下边两只眼能看地。天地间的万物都被他观察得清清楚楚。他根据山水的特征、野兽的形状、鸟类的足迹，画出了不少画，用这些画来记事。譬如：日字是照着太阳红圆红圆的模样勾的，月字是仿着月牙儿的形状描的，人字是端详着人的侧影画的……这就是中国最早的文字——象形字。汉朝许慎在《说文·序》中说："黄帝之史仓颉，见鸟兽之迹，知分理之相别异也，初造书契。"《幼学琼林》[①]的"制作"篇也说："上古结绳记事，仓颉制字代绳。"

---

①《幼学琼林》：是中国古代启蒙的儿童读物，作者为明末的西昌人程登吉。

仓颉首创文字成功后，黄帝大为高兴，乃赐仓（倉）姓，其意是君上一人，人下一君。

仓颉造字成功，发生了怪事，那一天白日竟然下粟如雨，晚上鬼哭魂嚎。为什么下粟如雨呢？因为上天知道了这件事，下了一场谷子雨奖励仓颉。这便是人间谷雨节的由来。因为仓颉创造了文字，可用来传达心意、记载事情，自然值得庆贺。但鬼为什么要哭呢？有人说，因为有了文字，民智日开，惊天动地，是神鬼不宁的大事情。这个故事在《淮南子·本经》中有所记载。

后来仓颉在西洳河边，看到这里的人好冲突，便劝说人们友好相处。在人们居住的中心，专门修了个“劝礼台”。居住在“劝礼台”附近的人们，便把村名叫“劝礼”，后来演变为“圈里”，这便是作字村北边的圈里村名字的由来（现在改名为“苏圈村”）。

仓颉庙

人们把仓颉看成汉字的创造者。为了纪念他的功绩，就在他造字的地方专门修了一座仓颉庙。庙旁边的村庄故此叫作作字村。庙内正殿里供奉着仓颉的塑像，彩绘的仓颉像有四只眼睛，塑像两边还各有一个侍从：一个抱着笔筒，一个抱着书。在仓颉庙的大殿上挂着一块匾，上书照造书契[①]。那个匾是明朝万历年间一位很有名气的书法家所题写的。院中还为仓颉竖了碑。在东西廊房和院中的墙上，画着他当年造字的情景。庙的规模很大，香火很旺。初一、十五，逢年过节，附近村里的人们经常来烧香摆供，祈求年景风调雨顺，村民平平安安。

但庙宇为何时修建，已不可考。据说仓颉庙最早时是建在村子的南面靠近洳河的地方，塑像是木制的。有一年洳河发大水，把庙给冲坏了，仓颉像也被冲到河里去了。后来听说那尊木制的仓颉像顺水漂到了江苏境内的一个地方，被那里的人发现并打捞了上来，当地人一看，这不是造字的仓颉吗？所以那个地方后来就叫“高作”（可能就是现在的江苏省徐州市睢宁县高作镇）。水灾过后，人们把仓颉庙迁到了村子里的高处，又专门请能工巧匠雕刻了一尊新的仓颉像。遗憾的是，仓颉庙最终未能保全，在时代变迁中被拆掉了。1952 年庙宇房屋成了村里的小学校，后来又成了村委会的办公场所，再后来连房屋也不复存在了。

---

① 照造书契：书契，古代指文字。传说上古时代没有文字，人们结绳记事，后来黄帝的史官仓颉创造了文字，即“书契”。因此，“照造书契”是“依照（某种样式、规则等）制作文字（或契约）”的意思。

院子里那些记载着与仓颉有关珍贵资料的石碑在后来的大兴水利建设时被搬走修了河堰的涵洞。

古今链接

文化传承的珍贵与不易：作字村承载着仓颉造字这一古老传说，围绕它衍生出仓颉庙等文化遗迹。历经岁月洗礼，尽管庙宇被拆、石碑挪作他用，但相关传说依然流传。这凸显文化传承的珍贵，即便物质载体消逝，精神内核也能凭借口口相传延续。我们应重视文化传承，保护文化遗迹，让后代能触摸历史脉络，感受文化魅力。同时，传承之路布满荆棘，需持续努力，对抗时间与时代变迁的冲击。

创新源于对生活的观察与思考：仓颉受鸟兽足迹启发创造象形字，打破结绳记事局限。这彰显创新源于对生活的细致观察、深度思考。在现代社会，无论是科技、艺术还是文化领域，都应保持对生活的敏锐感知，从日常现象中汲取灵感，突破传统思维束缚，推动各领域不断创新发展。

历史传说背后的文化价值：仓颉造字伴随诸多传说，如黄帝赐姓、谷雨由来、鬼哭魂嚎等。这些传说虽具神话色彩，却反映古人对文字诞生的敬畏、对文化创造的推崇。传说背后的文化价值在于激发民族自豪感、文化自信心，为文化发展注入精神动力，让我们看到古人对知识探索、文明进步的不懈追求。

丝织技术的根在缯国

——兰陵县

先秦古国众多，《左传·哀公七年》所谓："禹会诸侯于涂山，执玉帛者万国。"《吕氏春秋·用民》："当禹之时，天下万国，至于汤而三千余国，今无存者矣。"商代晚期见于甲骨文、金文的地名、诸侯名，以及与族名、地名相关的殷商王妇名等，据台湾学者丁骕《诸侯名》统计共698个。又据《史记》载，西周武王时期的侯伯尚有千余人。山东商周时期古国，见于文献和青铜器铭文者，60有余。

在莒国南邻的缯国，便是其中较为出名的国家。约在公元前2000年，距今4000年左右，夏代"少康中兴"之时，少康传位给长子杼（一作予），其次子曲烈被封于缯（zēng），为夏朝的方国。

曲烈是缯国的始封国君，城邑在今兰陵县向城镇的鄫城前、鄫城后两村之间。因为它处于沂蒙山区向黄淮平原过渡的地带，有东西泇水环抱，水源充沛，土地肥沃，适宜桑麻生产，多产丝麻编织品“缯”。这是缯国得名之源。

汉代许慎编的《说文解字》中把所有的丝织品统称为缯，马王堆汉墓的木牍，也称丝绸为缯。缯国以生产丝织品“缯”为名，说明“缯”从立国之始，就已经掌握了相当先进的丝麻纺织技术，并把桑麻丝织生产作为立国之本。

华夏文化是中华文化的重要源头之一，夏朝是奴隶制社会的开始，这时已进入“青铜时代”。手工业的发展，制陶技术、桑麻编织已成驱使奴隶劳动的专门行业。夏朝在这里建立的缯国，亦应是华夏文化中桑蚕生产丝绸文化的主要发源地。

少康（姒姓）的父亲名相，是夏的第五代君王，母亲名缗（mín），寒浞杀相，缗逃到有仍氏部落避难，生下少康。少康长大后做过有仍氏的牧正，为躲避寒浞的追杀逃到有虞氏为庖正，有田一方，有众一旅。后与同姓部落联合攻灭寒浞，恢复夏的统治，在位 22 年，史称“少康中兴”。

少康能够实现复国大业，在于他有一个伟大的母亲——缗，没有缗含辛茹苦的养育，就没有少康日后的成就，缗是“少康中兴”的最大幕后英雄。从“缗”的字面理解来看她是一个编织纺弹的高手。

“荏染柔木，言缗之丝”的意思是用弹性较好的木条，两端用弹性好、张力强的一条丝绳（弦）系起的工具——弓。弓以柔发刚，以近制远，是当时的先进生产工具。一可以用来射猎，二可以用来弹打丝麻。

缗所掌握的这种以丝麻为原料结绳、纺线、织缯的高超技术，一定会传给她的子孙。“杼”是为织布用的梭子，也是她长孙之名，这反映出结绳、纺线、织缯技术的家承关系。曲烈是她的小孙子，从祖母那里学会结绳、纺线、织缯的高超技术是情理之中。

另外值得一提的是，东夷人是较早发明和使用弓箭的部族之一，发明和使用弓箭必须以发明制造弓弦和控制箭杆方向的丝线麻绳为基础。缯国地当东夷人旧地，有着向东夷人学习和继承结绳、纺线技术的有利条件，再加上从老祖母那里继承下来的家学底子，缯国搞“缯”的纺织，有其他方国或部族所不具有的优势。

曲烈从祖母那里学会了编织纺弹这个高于农业生产的手工业技术，是其立身之本，也是其立国之本。“缯”这个方国从曲烈分封到公元前567年被莒攻灭，历夏、商、周三代，硬是生存了1500多年之久，这是中国历史上的一个奇迹。

一个仍保留着原始部落特质的方国，能在历史长河中历经风雨而不衰，必然蕴含着其独特的卓越之处。这份卓越，正是它掌握了其他部落或方国所未能企及的优势——生产编织、纺弹工具及纺织丝绸的精湛技艺。丝绸，作为当权者与贵族梦寐以求的服饰之选，其制作技艺的学习与交换对象何在？无疑，缯国是首选之地，与之进行技艺的交流与物资的交换。至于与缯国毗邻的鄫国，是否也同样掌握了这项技艺，则需依赖考古学的深入探索来揭开谜底。

20世纪60年代，在鲁苏边界南侧泇河故道边大墩子（今邳州四户镇）文化遗址的考古挖掘中，就出土了用于纺纱的工具——石纺轮，即手工捻线的“砣子”。经测定为距今4500年至6000年之间，属于父系氏族社会大汶口文化时期，比缯国设立要早500年以上。

石纺轮一般采用云母片岩、片麻岩或大理岩制成，是纺纱的专用工具。在石纺轮中插上一根细棒，细棒系上要纺的麻纤维或蚕丝，用手捻动细棒，纺轮有了角动量，于是纺线开始持续进行。纺轮用于纺纱可以，用于搓绳则不行，因为纺轮的角动量太小。大墩子文化遗址距缯国故城遗址仅30公里，也许当时已有了靠桑麻纺织的“缯”部落。当年墓葬主人连纺纱工具都陪葬了，身上不能没有“缯”地蚕丝织成的衣服吧？

缯国于鲁襄公六年（前567年）被莒攻灭，继而归为鲁国版图。后因鲁国衰微，约在公元前380年，缯国之地又为楚国占领，属楚国最早设立的兰陵县管辖，荀子曾在此两任兰陵令。自秦代在缯国故城设置鄫县起，至唐初的800多年间，历为鄫州、鄫县治所。鄫县在秦、西汉时属东海郡，东汉、三国、晋时属琅琊国，后属琅琊郡。唐武德四年（621年），置鄫州，下设鄫城县。627年，唐太宗将全国分为10道，重新实行州县两级行政区划制，鄫州及下属的鄫城县俱废。

缯国故城所在地北高南低，北部山岭，南部平原。境内东、西两条泇河纵贯南北，河床宽阔，水量充足。两河相距最近处15公里，两岸一马平川，肥田沃野，物产丰富。城北为黄龙山，雄踞如磐。城东为阳明河，自北向南如玉带蜿蜒。河东岸为石龙山，与黄龙山一起形成天然屏障。城西是季文子河，紧靠城郭，自北向南，注入西泇河。

缯国故城立城距今至少2700年，大体呈梯形，周长

2.5公里，总面积约为27万平方米。城墙虽坍塌毁圮，但城区轮廓完整，界线分明，城门位置依稀可辨，东南、东北两城角保存尚好。城墙遗址呈不规则丘陵状，土丘高大，起伏绵延，最高处有9米多。城垣土呈红褐色，如战火烧过的焦土。城中间有大面积平坦的高台，似系当时宫殿、府衙等高大建筑物倒塌后的堆积。城内旧有鄫子井一眼，但因年久荒废，渐趋湮没。

古今链接

地域文化与产业传承的紧密联系：缯国因地处沂蒙山区与黄淮平原过渡地带，独特的地理环境使其具备发展桑麻生产的天然优势，从而催生了先进的丝麻纺织技术，并以“缯”命名国家，足见丝织产业对其意义非凡。历经1500多年，缯国凭借丝织技术在历史长河中立足，这表明地域特色与产业发展深度融合，能孕育出强大的文化生命力与传承力。地域不仅为产业提供物质基础，产业也反过来塑造地域文化名片，提醒我们重视地域资源开发与特色产业培育，以促进文化与经济协同发展。

家族传承与技术发展的渊源：从少康母亲缗到其子孙，

家族传承在丝织技术延续中发挥关键作用。缗作为编织纺弹高手，其技艺经世代相传，成为缯国的立身之本。家族传承不仅是技术传递，更承载着文化与精神，赋予古老技艺深厚底蕴与稳定性。这启示我们，传统技艺的保护与传承可借助家族纽带，挖掘家族记忆，将先辈智慧与技艺延续下去，让古老技艺在现代社会重焕生机。

考古发现对历史研究的重要性：大墩子文化遗址出土的石纺轮，将当地纺织技术历史前推，有力佐证了缯国周边纺织文化的久远。这表明考古发现能突破文献局限，为历史研究提供实物依据，还原历史真实面貌。通过考古挖掘，我们能揭开古老文化神秘面纱，填补历史空白，为地域文化研究注入新活力，强调了考古在文化传承与历史认知中的不可替代作用。

文峰山、季文子和“初税亩”

季文子祖居曲阜，为何死后葬在山东省兰陵县的文峰山？就是因为季文子在此主持实施了中国历史上第一次税费改革“初税亩”。

“税”的名称最早出现于鲁宣公十五年（前594年）的“初税亩”，鲁国正式推翻井田征收赋税的制度，改行“初税亩”，即不分公田、私田，凡占有土地者均须按亩交纳土地税。井田之外的私田，从此也开始纳税，这是历史上第一次承认私田的合法性。“初税亩”的出现，标志着我国从奴隶制赋税制向封建制赋税制转化的开端，是奴隶制生产关系向封建制生产关系转变的标志。季文子实行“初税亩”就是在他的封地次室——今山东省兰陵县开始的。

季文子，即季孙行父（？—前568），春秋时鲁国正卿。季文子从公元前601年至公元前568年在鲁国执国政33年，辅佐鲁宣公、鲁成公、鲁襄公三代君主。他执掌着鲁国朝政和财富，大权在握，一心安社稷，忠贞守节，克勤于邦，克俭于家。《史记·鲁世家》记载，季文子当政时“家无衣帛之妾，厩无食粟之马，府无金玉”，是一代有名的“廉相”。

公元前602年，黄河发生了有记载以来第一次大改道，浩浩荡荡的洪水夺淮入海，到鄫国（今兰陵县向城镇）以南洳河流经的淮泗地区水势减弱，苏北大泽不再长年洪波浩渺，连绵的湖泊退出，成了季节湿地，出现大面积肥沃滩涂淤地，成为可耕作的沃野良田。居住南方的淮夷人部落趁势北上，抢占开发故黄淮滩涂的土地。而鲁国、鄫国在季文子主持下，为了扩大自己的费邑封地，率领奴隶们也纷纷南下，到中下游湖泊滩涂边的“王土”上开垦淤地，在这里诸侯们不敢宣称这是自家的封地，有组织或无组织的奴隶们成了自由人，自有的私田大量增加。有些人虽属于奴隶身份，在奴隶主的驱使下抢占私田，但这里已是诸侯国计划外的土地，诸侯只好默认奴隶们开垦的土地为各家私有，诸侯只收取少部分赋税。中国土地上第一次有了真正意义上的自耕的农民，奴隶们也有了属于诸侯规定的姓氏。周王朝和诸侯分封统治格局被打破，鲁国延续千余年的井田制度面临崩溃的危机，鄫国泇水之滨自给自足的庶人家庭迅速增加。

季文子家族季孙氏是鄫子的外戚，季孙家族为扩大自己的费邑私田，费邑臣属的军队奴隶被派到鄫国以南的涝洼滩涂地带开垦私田，同时为阻止南方淮夷的北犯，保护了弱小的鄫国。今兰陵是当时开垦地区的一块高地，周围还有湖泊丘陵作天然屏障，季文子选中此地，调集臣属安营扎寨，筑城设邑，设立管理机构，有季孙所属鲁国军队保卫，将季孙家族的采邑私田从费邑扩展到鄫国南部平原地区，使之成为鲁国统治区。为区别于鲁国国君居住的公室曲阜，季文子在今兰陵建造的城邑，被称作次室邑。为了防止开发私田的庶人和逃亡奴隶们的反抗，季文子鼓励支持他们以鲁国臣民的身份开发滩涂洼地，同时打破井田制贡赋上缴办法，对鲁国庶人开发的私田收入，统一实行按比例征收赋税。庶人的身份不再是附属于国君和诸侯的奴隶，有了人身自由，解放了生产力，变成了自给自足的平民百姓。季文子的这一举措，扩展了私田面积，促进了生产的发展。鲁国季孙采邑在次室一带私田的扩大，增加平民所占有的私田，成功阻止了南方淮夷势力的北上侵掠，季孙家族成为鲁国最强的经济势力。

季文子在政治上权力加大，在经济上不断扩展私田，不愿向国君缴纳贡赋，属于鲁国公室的井田制下的收入日益减少，造成了“公室卑，三桓强”的局面。公元前594年，在季文子的主导下，鲁宣公只好宣布实行“初税亩”，承认私田的合法性，宣布不论公田私田一律收税。“初税亩”是中国土地制度变化过程中的大事，井田制破坏，奴隶对自耕地的占有关系加强，出现自耕农民小土地所有制，一部分贵族也下降为自耕农，奴隶从此有了农民的别称。初税亩的实施，使氏族公有体制对农民的束缚进一步松解，农民对于自耕的小土地的所有权也就逐渐确立，解放了生产力，促进了社会的发展。

公元前568年（鲁襄公五年）七月，季文子去世，鲁襄公授予他谥号为“文”。鄫国为表示归属鲁国的诚心，太子巫便将季文子灵柩迎往神峰山安葬，并将神峰山命名为鲁卿山，后人又称鲁卿山为文峰山，在其墓地前建立季文子庙，并将文峰山东鄫城西面的洳河支流叫季文子河。

古今链接

历史变革推动者的功绩与意义：季文子作为“初税亩”这一重大税费改革的主持者，在历史长河中留下了浓墨重彩的一笔。在井田制面临崩溃、社会经济结构亟待调整的时期，他敏锐地察觉到私田大量出现的事实，果断推动不分公田私田，按亩纳税的变革。这一举措不仅承认了私田合法性，更标志着奴隶制赋税向封建制赋税的转变，极大解放了生产力，促进社会经济发展。这让我们认识到，在时代的关键节点，勇敢站出来推动变革的人物，能对社会进步产生深远影响，他们的智慧与勇气值得铭记与敬仰。

地域与历史发展的紧密联系：兰陵县的文峰山因季文子安葬于此而与这段历史紧密相连。季文子在此主持“初税亩”改革，背后有着复杂的地域因素。黄河改道形成的肥沃滩涂，引发诸侯、淮夷及奴隶对土地的争夺与开发，季文子家族在此扩大采邑私田、筑城设邑。这片土地见证了历史变革的全过程，凸显出特定地域为历史事件提供了舞台，而历史事件又赋予地域独特的文化内涵，二者相互成就，地域文化也在历史的进程中得以沉淀和丰富。

个人品质与政治成就的关联：季文子身为鲁国正卿，

辅佐三代君主，大权在握却“家无衣帛之妾，厩无食粟之马，府无金玉”，堪称“廉相”。他的廉洁品质并未阻碍其在政治上的作为，反而让他能一心为社稷谋发展。这种高尚品质使他在推动“初税亩”改革时，更具公信力与决心，不受私利干扰，以国家和社会发展为重。这启示我们，个人优秀品质是成就事业的重要基石，在追求政治、社会理想的道路上，良好的品德能赢得人心、助力成功。

天下曾氏归兰陵

寻根问祖，幽思萦怀。一踏进曾姓故里——兰陵境内，便会想起曾氏先贤曾皙的诗句：“浴乎沂，风乎舞雩，咏而归。”和着窗外吹来的簌簌微风，历史的种种沧桑在这一刻涌上心头。

天下曾氏归兰陵。山川迢递，岁月悠悠，四千多年前曾氏先祖穿越于斯，创立了丰功伟业，留下了沉重的历史脚印。据《通志氏族略》引《世本》记述，曾氏出自姒姓，系出上古的圣君夏禹。相传距今 4180 年前的贤君少康中兴夏室后，封次子曲烈于“缯”，建立“缯国”，成为我国历史上最古老的东夷古国之一，直到春秋鲁襄公六年（前 567 年）才被莒国所灭。怀着亡国之痛的太子巫投奔到鲁国，定居武城（今山东省平邑县境内），为了纪念故国，其后代用原国名“鄫”去“邑（阝）”旁，称曾氏。“天下一曾无二曾”，都是一脉传自太子巫，系出上古圣君夏禹。那么天下曾氏先世居住的古鄫国的确切位置在哪里呢?

据江永《春秋地理考实》卷一记载：“今兖州府峄县东有鄫城。”另据《汉书·地理志》及《春秋经传集解》等多部历史典籍记载，古鄫国故城均在今山东兰陵县城西北16公里处文峰山东麓。另外，《山东省志·诸子名家志·曾子志》稿审会专家偕同省考古界学者多次赴现场考察，经多方论证，最终确认曾氏的根源就在今兰陵辖区向城镇内鄫国故城，并且得到海内外曾氏宗亲的一致认同。

兰陵县位于苏鲁交界处、沂蒙山区南缘，东距书圣王羲之故里临沂市40公里，享有“山东南菜园”“中国大蒜之乡”等美誉。遥望城区，密树林荫中掩映着琼楼玉宇，一座具有现代都市色调的新城正在崛起。泇河似玉带依偎在县城东缘，两岸雕栏玉砌，绿草如茵。塔山上屹立着苍山大蒜标志塔，挺拔劲秀，巍峨壮观。

向城，原名向邑、项城，是山东南菜园的发祥地和物流配送集散地，西去5公里即文峰山，古鄫国时代称“鄫之西丘（山）”，因春秋时代鲁国大夫季文子葬于此而得名“鲁卿山”“文峰山”。其山势险峻，松柏参天，龙泉清溪，风景秀丽，“神峰积雪”为古沂蒙八大景之一，素有“鲁南小泰山”之称，成为鄫国故城西侧最险要的天然屏障。遥望鄫国故城，只见其背靠隐隐青山，东、西濒临如带溪流，两岸平川沃野，南俯瞰广阔平原，枕山、面水、画屏，都城选址精于地理，识尽风物，占却山水之胜。

一踏上这片古国遗址，人立刻迷失在历史的烟雨之中，似曾相识的历史气息扑面而来。鄫国是东方建立较早的诸侯国，周敕封子爵，为鲁之附庸，称鄫子国。其土利于农桑，发展农业较早，早年处于小康地位，曾与北方大国鲁国世代通婚，境内有重城“向”（今向城镇）、“菆”（今车辋镇）、“兰陵”等。据《左传》记载，鄫国君曾娶季姬为妻，鲁襄公娶鄫女姒氏为后，鲁僖公曾召集友邻各国为鄫国筑城。春秋末年，群雄割据，弱肉强食，鄫国难以逃脱覆灭的命运，在与北来强敌莒兵的一场大战后，鄫太子巫败走鲁之南武城。沿故城坡地迤逦而上，人类历史的厚重在故城遗址中得以彰显，使身临者如同回到了千年以前，一睹古老鄫国的沧海桑田。鄫国故城近似方形，面积约 30 万平方米，虽城垣坍塌殆尽，而遗址犹存，城区轮廓完整，界线分明。城门（南、北门）依稀可辨，东南东北城角保存尚好，最高处达 10 米，可见当时城池的雄伟森严之气势。城中间是大面积的平坦高台，裸露着青石长条垒砌的建筑房基，当地群众称为宫殿遗址。原城墙遗址倾斜且颜色灰暗，上面长满蒿草和爬藤植物，早已消失了作为坚固城堡的威严，只有位于南城门遗址上的石质省级文物保护标志碑“鄫国故城”，还昭示、铭记着古鄫国的悠久历史和灿烂文化。

鄫国故城，西北及北侧，青山如黛，仙气弥漫，灵气四溢，为茔盘春秋墓地。据考古学家实地勘察和对近年来出土文物的推断，此处即古鄫国历代君王和王公贵族的一处陵园。曾出土兰陵首次发现的小型青铜编钟一套，石磬礼乐器一套，还有青铜鼎、壶等礼器，考古时代为东周，与鄫存在的时间相吻合，成为鄫国辉煌历史的见证。

2600 多年前，鄫太子巫怀着凄苦无助的心情远离故乡，逃至鲁国，后在今山东省平邑县筑武城邑，并取曾为姓，虽收复故国心愿未遂，却为中国培养出一代儒家宗师，这就是传至四世的曾参。曾参是孔子的 72 弟子之一，他据孔子思想而著《孝经》，被后人尊为“宗圣”。在封建社会，统治者提倡“以孝治天下”，因此曾子思想影响不断扩大，地位不断提高，曾氏家族与孔、孟、颜氏家族同样得到历代封建王朝的尊重，“孔孟颜曾”之嫡系世代封袭，享受朝廷的各种优惠和特权。曾氏自曾参传至十五代曾据，因避王莽之乱南迁庐陵吉阳乡（今江西省吉安市），至唐宋时家族兴旺，衍徙到江南各地，明清后遍及全国，有的移居海外。曾氏后裔为求生存、谋发展，先后进行多次迁徙，自曲烈封于鄫国，至今已持续4600多年，传至140代30万余人。曾姓自古至今是我国的一个名门著姓，在今中国100个大姓中，大陆曾姓占第38位，台湾曾姓占第16位。

在曾氏发源地周边，即以今兰陵为中心的鲁南地区，曾姓分布甚广。根据山东省平邑县曾氏墓（谱）碑记载，该地区曾氏主要是曾据南迁后滞留此地的曾子后裔，亦有少数是寻根觅旧从外地迁徙而来的，曾氏在该地人数达30000人。

古今链接

姓氏寻根溯源的文化意义：曾氏起源于古鄫国，历经数千年发展，天下曾氏一脉相承。通过对历史典籍考证及实地考察确认兰陵为曾氏根源所在，这种寻根溯源过程，让曾氏后裔找到了精神归宿，增强了家族认同感与凝聚力。从文化层面看，姓氏寻根是对民族文化根脉的追溯，一个个姓氏背后是家族传承、文化延续，它们共同编织成中华民族多元一体的文化网络，提醒我们珍视姓氏文化，保护历史文化遗产，让民族文化根基更加稳固。

历史遗迹承载的厚重记忆：鄫国故城静静矗立在文峰山东麓，虽城墙坍塌，但城区轮廓、城门遗迹、宫殿遗址仍在诉说往昔辉煌。作为曾氏起源地，这里见证了鄫国兴衰，是曾氏家族发展的实物见证。每一处遗迹都承载着特定历史时期的信息，从鄫国农业发展、与鲁国通婚，到被莒国灭亡，串联起曾氏家族从建国到迁徙的历史脉络。这些遗迹不仅是地理坐标，更是文化符号，警示后人铭记历史，传承先辈奋斗精神，激励我们守护历史遗迹，挖掘其背后的文化价值。

地域与家族发展的相互影响：兰陵独特地理位置与自然环境，为鄫国发展提供条件，成就了曾氏起源。而曾氏家族发展壮大，又为兰陵增添文化底蕴。曾氏后裔在兰陵周边分布广泛，其文化传统、家族观念融入当地，促进地域文化多元发展。这种地域与家族相互依存、相互促进的关系，在历史发展中不断深化，表明地域是家族生存发展的土壤，家族是地域文化的重要组成部分，提醒各地重视地域文化与家族文化的融合，推动地域经济文化全面进步。

了不起的兰陵　不寻常的荀子

荀子是战国末期思想家、教育家，先秦思想文化的集大成者。他一生曾三次游于齐国，一次游说秦昭王，一次游说赵孝成王，三次入楚而两次任兰陵令，废官后在兰陵著书讲学，终老兰陵，其墓祠在今兰陵县西兰陵镇东南 1 公里处。总结荀子的一生，他的哲学思想、治国方略兴发于赵国、提高于齐国、实用于楚国（兰陵）。荀子来兰陵时他的哲学思想及治国方略基本形成，在兰陵只是实践过程，即把他的理论与实践相结合起来。

研究荀子就必然要了解兰陵，兰陵可以说是荀子梦成的地方，他的思想学说、政治主张在兰陵才得以施展。没有兰陵，便没有荀子的用武之地；反之，没有荀子，更没有兰陵这个千年古镇，他给兰陵带来的文化底蕴是不可估量的，是挖掘不尽的。

在历史的漫漫星河中，荀子宛如一颗璀璨而不寻常的星辰，闪耀在华夏思想的苍穹中，其光辉深深映照在兰陵这片大地上，赋予它不朽的灵魂与传奇色彩。

荀子，这位智慧卓绝的儒家后圣先哲，是一位无畏的行者，在乱世的荆棘中坚定前行。他的目光深邃如渊，能穿透尘世的迷雾，洞悉人性与天地间的深邃奥秘。“锲而不舍，金石可镂”，他以这句话为奋进的号角，向世人展示了坚定坚持的力量，如同在时光的年轮上刻下了永恒的印记。他的思想之剑凌厉无比，“天行有常，不为尧存，不为桀亡”，他对天地人间规律的深刻认知，如黄钟大吕，震破了蒙昧混沌的苍穹，穿越千年的迷雾风云，在我们心灵的上空轰鸣。他以冷峻客观之态剖析人性，直言“人性恶，其善者伪也”。他为这人性之恶铺就了救赎之途——以教育和礼法为阶，引导人们走向善的彼岸。这般深邃与独到，使他在百家争鸣的时代脱颖而出，独树一帜，被后世弘扬为“隆礼重法”精髓。

当荀子踏入兰陵的那一刻，命运的齿轮开始转动，兰陵迎来了它辉煌的一世。这片土地，在荀子的经营下散发出耀眼光芒，荀子在此挥毫泼墨，绘就了壮丽的兰陵文化胜景。兰陵的山水、人情，在荀子眼中，皆是孕育思想的摇篮，承载文化的舟楫。他在简陋的屋舍中讲学授徒，智慧的言语如潺潺洳河水，润泽着这片土地。“青，取之于蓝，而青于蓝”，他激励着学子超越前人；“不积跬步，无以至千里；不积小流，无以成江海”，他让求知者懂得积累的力量。在他的影响下，兰陵宛如凤凰涅槃，从平凡小城化为文化的圣地，思想的高峰。

兰陵，因荀子而了不起。街头巷尾，处处弥漫着浓厚的文化气息。人们歇息时谈论着“水能载舟，亦能覆舟”，思索着世事的哲理；孩子们在街巷嬉戏，眼中闪烁的是对知识的渴望，那是荀子种下的希望之种。兰陵的一草一木，都见证了文化的繁荣，它们在微风中轻轻摇曳，仿佛在传颂荀子的名言。每一粒尘土都承载着荀子思想的重量。兰陵，从此拥有了独特的文化印记，它是荀子思想的传承者、守护者，是历史长河中一座闪耀着人文光辉的永恒之城，在岁月的长河中熠熠生辉，永不磨灭。

当我们漫步在兰陵的土地上，仿佛能看到荀子那高大的身影。他在山水之间漫步沉思，那山那水都因他有了灵气；他在讲堂之上激昂论道，每一句言语都似点燃智慧的火焰。他与兰陵，早已相融，成为历史画卷中最绚烂多彩、动人心弦的部分，在岁月的长河中散发着迷人的魅力，让后人不断地瞻仰与追思。

了不起的兰陵，不寻常的荀子，成就一段辉煌灿烂的历史。

古今链接

思想巨匠的时代贡献与精神传承：荀子作为先秦思想文化的集大成者，以其深邃思想在华夏思想史上留下浓墨重彩的一笔。他对自然规律的深刻洞察、对人性的冷峻剖析以及“隆礼重法”思想的提出，打破时代局限，为后世提供宝贵思想指引。“锲而不舍”“青出于蓝”等名言，历经千年依然激励着人们奋进求知。他的思想是中华民族精神宝库的重要组成部分，启示我们传承和弘扬优秀传统文化，汲取古人智慧，应对现代社会挑战，不断丰富和发展民族精神内涵。

地域与文化名人的相互成就：兰陵为荀子提供了施展才华的舞台，让他的哲学思想、治国方略得以实践。而荀子的到来，赋予兰陵深厚文化底蕴，使其从普通城镇蝶变为文化圣地。他讲学授徒，培育人才，传播先进理念，改变了兰陵的文化生态，让文化气息融入百姓生活。这表明地区发展为文化名人创造条件，文化名人能提升地域文化品位，两者相辅相成。各地应重视文化名人效应，挖掘本土文化资源，吸引文化人才，促进地域文化繁荣，提升地域综合竞争力。

文化传承的强大力量与永恒价值：荀子在兰陵的思想传播，历经岁月沉淀，成为兰陵独特文化印记。百姓口口相传他的名言，孩子们受其思想熏陶，文化融入生活点滴。这种传承不仅让荀子的思想延续，更塑造了兰陵的文化性格。它彰显出文化传承的强大生命力，能让优秀文化跨越时空，滋养后人。我们要重视文化传承，保护文化遗产，创新传承方式，让古老的文化在现代社会焕发活力，增强民族文化自信，推动文化的繁荣发展。

萧望之和萧王墓

萧望之（约前 114—前 47），字长倩。萧望之是萧何的七世孙，东海兰陵（今山东兰陵县西兰陵镇）人。萧望之是西汉宣帝、元帝倚重的大臣，又是著名的经学家。萧望之主治《齐诗》，兼学诸经，是汉代《鲁论语》的知名传人。李白在《客中行》中赞颂的“兰陵美酒”相传就是萧氏家酿。兰陵萧氏是山东大族，历数百年而不衰。

萧望之出身于一个世代务农的家庭，到萧望之时，始勤于学问。他博览群书，学识渊博，尤善治《齐诗》，为当时京师诸儒所称道。

当时大将军霍光把持朝政，萧望之因长史邴吉的推荐受到霍光召见，但萧望之看不惯霍光不能善待忠心效力之士、以势凌人的做法，忤逆了霍光，因此在霍光专权时萧望之没有得到重用。因不趋附大将军霍光，仅官至小苑东门候。后为御史大夫魏相属吏，荐为大行治礼丞。

霍光死后，他的儿子霍禹又任大司马，霍氏家族继续掌握朝廷大权。这时京城长安下了一场冰雹，萧望之乘机上疏宣帝，借春秋鲁昭公时季氏专权，鲁国降雹，之后昭公被逐的事件，暗示现在阴阳不和，是因“一姓擅势之所致也”。这正中了宣帝当时的心意，因此萧望之很快得到宣帝的重用。当时宣帝刚刚即位，有许多人提出治理国家的建议，宣帝则往往向萧望之征求意见。萧望之就根据上书的内容，判断上书人政治水平的高低，进而提出予以重用、留用考察或遣归田里的建议。所提建议无不得到宣帝的赞同和支持，萧望之也很快升任谏大夫、丞相司直等职。公元前 60 年，劝止宣帝与乌孙国联姻。次年，代邴吉为御史大夫。不久霍氏因谋反而被灭族，萧望之更加受到重用。公元前 57 年至公元前 54 年，匈奴内乱，帝及众臣欲诛伐，他又以和议谏止。后因故左迁太子太傅。

五凤年间[①]，匈奴发生大乱，许多人建议乘乱举兵平灭匈奴，宣帝派人征求萧望之的意见，萧望之援引春秋时晋士匄帅师侵齐，闻齐侯卒，引师而还的旧例，认为应以仁义抚四夷，建议派使者吊问，“辅其微弱”“救其灾患”（《汉书》），宣帝采纳了他的建议，以后又派兵帮助呼韩邪单于重新统一了匈奴。后来呼韩邪单于来朝，宣帝下令公卿讨论对单于的礼仪。萧望之反对丞相及御史大夫将单于当作诸侯王，位次在诸侯王之下的建议，建议以客礼相待，位在诸侯王之上，宣帝接受了他的建议。萧望之为结束汉匈之间长达百余年的武装冲突做出了自己的贡献。

宣帝病重时，萧望之被拜为前将军光禄勋，领尚书事，受遗诏辅政。元帝即位后，望之“以师傅见尊重”，朝中大事，多所匡正。元帝赐其为关内侯，食邑600户，只每月朔望上朝。且欲以其为丞相，但萧望之不久却被宦官弘恭、石显等迫害致死。

弘恭、石显在宣帝时就任中书令，“久典枢机，明习文

---

① 五凤年间：五凤在中国历史上被用作多个年号的名称。第一个使用五凤为年号的皇帝是汉宣帝刘询。

法”，[①] 又与车骑将军史高等互相勾结，常常在朝廷上与萧望之等人作对。而萧望之认为重用宦官本不是国家的旧制，又违背了古人不近刑余之人的规定，认为应当革除宦官专制的弊制，以士人代替宦官担任的要职，这就与弘恭、石显等人发生了极大的矛盾。后来弘恭、石显二人唆使人上书诬告萧望之等“朋党称举，数谮诉大臣，毁离亲戚，欲以专擅权势”，萧望之被迫饮鸩自杀，终年60余岁。

萧王墓位于兰陵故城北6公里小仲村西南500米处，东距临徐公路500米。相传，古代这里方圆九里，是一座地下城。主墓为萧望之墓，当地群众讹传为萧王墓，墓室系石结构，出土陶楼、石兽等文物。

据《南齐书》载，萧何居沛时，后其孙萧彪免官，由沛徙居东海兰陵县中都乡中都里（今小仲村）。望之，“少好学，治齐诗”，从师于郯人后苍，后至京师太常处，拜博士白奇为师，从夏侯胜问《论语》《礼》。因不屈于权势，

① “久典枢机，明习文法”：出自《资治通鉴》。西汉汉元帝初元二年（甲戌，公元前47年）的相关记载中有“中书令弘恭、仆射石显，自宣帝时久典枢机，明习文法”。意思是中书令弘恭、仆射石显从汉宣帝时代就长期掌管中枢机要，熟悉法令条文。这一表述常被用来描述在朝廷中长时间担任重要职位且精通法律条文、政务流程的人。这两人在汉元帝时期因长期身处要职、熟悉政务且被皇帝认为可信任，从而获得了较大的权力。

曾为抱关小吏。宣帝时，任以左冯翊，迁大鸿胪，代御史大夫，后为太傅，以《论语》授皇太子。甘露三年（前51年）诏诸儒于石渠阁讲“五经”同异，萧望之平奏其议。元帝时，复以师傅见重，多所匡政。萧望之刚正不阿，为弘恭、石显所陷，饮鸩自杀，死后葬于故里。据《前汉书》载，萧望之有八子，其中以萧育、萧咸、萧由最显。

《南齐书》载，“晋元康元年（291年），分东海为兰陵郡。中朝乱，淮阴令萧整（字公齐，望之十四孙），过江居晋陵武进县（今江苏常州市）之东城里，称为南兰陵”。萧氏家族在南北朝显赫一时，齐梁开国皇帝萧道成（萧何24世孙）、萧衍都是萧望之的后人。

2002年，萧氏后裔、马来西亚萧氏总会拿督萧家发先生寻祖至兰陵，出资5万元，建碑亭一座，竖“萧望之之墓”墓碑。

萧王墓，1979年确定为县级重点文物保护单位。2013年确定为省级重点文物保护单位。

古今链接

文化传承与学术贡献：萧望之精通《齐诗》，兼学诸经，是汉代《鲁论语》的知名传人，在文化学术领域造诣深厚。他不仅自身研习经典，还参与石渠阁讲经，对“五经”同异进行评议，推动了当时学术的交流与发展。这让我们看到文化传承的重要性，学者对经典的钻研与传播，能延续文化脉络，丰富民族文化内涵，激励后人不断探索知识，传承和发扬优秀传统文化。

家族传承与荣耀延续：萧氏家族以萧望之等先辈为基础，历经数百年传承，在南北朝时期显赫一时，齐梁开国皇帝皆为萧望之后人。家族的兴盛源于先辈的品德与学识传承，良好的家风能滋养后代，激励他们在不同时代建功立业。现代社会中，家族文化的传承依然重要，它能增强家族凝聚力，为个体提供归属感与精神支撑。

文物保护与历史铭记：萧王墓作为萧望之的长眠之地，承载着丰富的历史文化价值。从县级到省级重点文物保护单位的认定，以及萧氏后裔出资建碑亭、竖墓碑，体现了对历史遗迹的重视与保护。文物是历史的见证，保护文物能让后人触摸历史，铭记先辈功绩，传承民族记忆，全社会都应增强文物保护意识，守护珍贵的历史文化遗产。

兰陵王和《兰陵王入阵曲》

在兰陵县的西南部有一个古镇叫兰陵镇，这个古镇不仅仅因出产美酒而名扬天下，更因这里曾有过一位名彰史册的兰陵王，这位兰陵王很会带兵打仗，曾多次打过胜仗，他打仗时喜欢戴假面具上战场，据说就此造就了中国京剧脸谱的诞生。但不幸的是，他英年早逝，兰陵王留给后人和这个世界最有影响的三样东西应该是假面具、《兰陵王入阵曲》和“兰陵”这个名字。

为什么叫“兰陵”

大思想家、后圣荀子先后两次在这里担任县令 18 年，设杏坛，撰《劝学》，以德治县，平政爱民；西汉经学家萧望之在此治学《齐诗》，又一经学家匡衡在这里“凿壁偷光”；被誉为“中国诗文总集之祖”的《昭明文选》的作者昭明太子萧统也生于斯长于斯；明代被称作天下第一奇书的《金瓶梅》的作者兰陵笑笑生也是兰陵人……我们来到了兰陵县兰陵镇，希望从这片承载了千古人类文明的土地上，寻找到关于这位兰陵王的传奇故事。

“这个地方为什么叫兰陵？就是因为南北朝时期出了这个兰陵王。”当地老百姓都这样说，当年兰陵王的郡府就设在现在的兰陵镇西北圩村附近，但由于年代太远，现在村子附近已经找不到丁点的遗迹了。兰陵王不是兰陵本地人，他的老家在河北邯郸，他之所以来兰陵，是因为他的封地在这里。兰陵王姓高名长恭，是南北朝时期北齐文襄皇帝高澄的第三子。在封建时代，皇帝的儿子中不能接任皇位的，都能得到皇帝赐封的一块封地，可在此当王。北齐乾明元年也就是公元560年，高长恭被封为徐州兰陵郡王，当时高长恭就把徐州兰陵郡府选建在了现在兰陵这个地方，因此，历史上称高长恭为兰陵王。

据说兰陵王长得很好看，好看到什么程度呢？这在各种史料中都能找到有关记载，《北齐书》《隋唐嘉话》中说他貌柔心壮，音容兼美。但兰陵王和同时代其他“帅哥”

不一样的地方是，他英勇善战，很会打仗。高欢是北齐皇室的开国者，据说，长得也很英俊。

戴面具的兰陵王

因为兰陵王长得太漂亮了，可能给人的感觉不够威武，史书中说他“不足以威敌”，所以打仗时敌人遇到他都不怎么害怕。一个带兵的将军连敌人都不害怕他，怎么领兵打仗呢？聪明的兰陵王就想出了一个办法，他用木头制成了一个容貌狰狞的面具，打仗时就把它戴在脸上勇猛冲杀，结果常令敌人闻风丧胆。兰陵王戴着它打了很多胜仗，立下了许多战功。

真正令兰陵王一战成名、名垂青史的是“邙山[①]之战”。武成帝河清四年（565 年），北周军队大举进攻北齐，并包围了北齐的重镇洛阳，北齐武成皇帝急忙调集军队前去解围。当时的高长恭是北齐军中统帅，在洛阳城外，北齐援军发动了一次次进攻，但都被北周军队击退，眼看不能解围，还要面临全军覆灭的境地，身为统帅的兰陵王不顾自身安危，戴上面具，身穿铠甲，手握利刃，自率五百

---

① 邙（máng）山：山名，即北邙山，在河南省洛阳市北部。

精骑，奋勇杀入周军重围，一直杀到洛阳城下，欲与城内的守军里应外合击败周军。可当兰陵王冲杀到洛阳城下时，城内的北齐不敢开门，怕中了周军的计，直到兰陵王高长恭“免胄[①]示之面”，城内的士兵才认出兰陵王来，北齐军欢呼起来，立即打开城门，与城外大军合兵一处，奋勇杀向周军，周军大败。史书上记载了当时北周兵败时的情景：“丢弃营寨，自邙山至谷水，三十里中，军资器械，弥满川泽。”这就是历史上著名的“邙山之战”。

《兰陵王入阵曲》的由来

正因为兰陵王的勇猛和果断，才使被围的北齐军队和援军免遭被歼之险，挽救了许多北齐将士的生命，也一举扭转了战争的局面。兰陵王手下的兵士多为鲜卑族、敕勒族等少数民族，这些少数民族本来就有歌舞的习惯，当战后庆贺胜利时，士兵们就模仿兰陵王冲锋陷阵时勇猛的样子，情不自禁地载歌载舞，赞颂兰陵王。

“邙山之战”后不久，皇帝下令奖赏了兰陵王，并封他

---

① 免胄（zhòu）：古代打仗时戴的保护头部的帽子。免胄，脱下头盔。古代将士的行礼方式。

为尚书令。也许当时为了宣传的需要，有人就根据当时兵士们载歌载舞的形式编排出了《兰陵王入阵曲》，在皇帝举行的宴会上表演：武士头戴面具，扮作兰陵王指挥、进击、刺杀之状，很是雄壮。这种头戴面具、载歌载舞的形式就此逐渐传遍了全国。据说，中国京剧中的脸谱就是从《兰陵王入阵曲》中演化而来的，后来的表演者发现戴着面具演戏，看不到演出者的面部表情，而人的面部表情，往往最能体现角色内心的喜怒哀乐，戴面具无疑就减弱了角色的表现力量，因此，后来化妆便取代了面具。

俗话说木秀于林，风必摧之，功高盖主，祸必降之。公元 565 年，也就是邙山之战后的第二年，兰陵王的堂弟高纬继承皇位。在一次宴席中，当高纬听了《兰陵王入阵曲》后，就对高长恭说，入阵太深，毕竟还是危险，一旦有个三长两短，后悔可就来不及了。兰陵王说，这是家事，应该如此。不知道为什么高纬竟然从这句话中听出高长恭有谋反的意思，史书中说："皇嫌其称家事，遂忌之。"兰陵王深感大难将至，整日惶恐不安，以后每当战事来临时，他都以有病为由坚辞不出。尽管如此，公元 573 年，皇帝高纬还是命人用毒酒害死了年仅 28 岁的兰陵王。兰陵王饮毒酒自尽前曾说："我忠以事上，何辜于天而遭鸩也？"但也没有要求见皇帝申诉，就饮鸩自尽了，并把封地兰陵的地契全部都烧了，免了兰陵当地老百姓的“皇粮”，最后为当地的老百姓做了一件好事。

令人深思的是，就在高纬害死了忠心耿耿的兰陵王 4 年后，北周再次进攻北齐，由于没有了能征善战的兰陵王，北齐很快就被北周所灭。

流传日本的《兰陵王入阵曲》

兰陵王去世之后，并没有安葬在他的封地兰陵，而是葬在了他的老家邺城。十几年前，兰陵县专门派人去邺城参拜过兰陵王墓。当时从改道的黄河古道中挖出一块有关兰陵王的石碑，根据石碑上的记载，更正了司马光所著《资治通鉴》中兰陵王是高澄第四子的误记。

《兰陵王入阵曲》现在在中国失传了，但因为在唐朝时流传到了日本，目前日本还存有这个乐舞。《兰陵王入阵曲》为什么会在中国失传却在日本出现呢？《兰陵王入阵曲》在隋朝时还非常流行，并被收入皇帝舞曲中。唐朝时，李世民就很喜欢《兰陵王入阵曲》，常令人在宫廷内表演，直到唐玄宗李隆基时，“因其非正声”下诏禁演，而后《兰陵王入阵曲》就渐渐在中国失传，到了宋时只剩下一个以

《兰陵王》为名的词牌了。

值得庆幸的是，就在唐朝年间，随着中日文化的交流，此曲被东渡日本传教的和尚带到了日本，成为日本奈良皇家的宫廷雅乐，并在日本的民间广为流传，每到赛马节会、相扑会等重大民间活动时，日本人都要演奏这首古曲。直到现在日本奈良元月十五日“春日大社”，举行一年一度的日本古典乐舞表演时，《兰陵王入阵曲》仍作为第一个节目表演独舞。

1992 年 9 月 6 日，也就是该曲问世后的 1428 年，日本奈良大学教授笠置侃一等人率领的雅乐团在邯郸磁县兰陵王墓前供奉演出了此曲。《兰陵王入阵曲》从此又得以回归故里。

兰陵王在南征北战的岁月中，并没有文字记载他在兰陵古镇待过，真正在这里发生的关于他的故事也很少，但他的英名注定要与这片土地密不可分，而兰陵也注定以他为荣，永存史册。

古今链接

文化传承的曲折与坚韧：《兰陵王入阵曲》承载着兰陵王的英勇事迹和当时的社会风貌，从北齐士兵庆功时的即兴歌舞，到被编排成宫廷表演节目，传播至全国，其发展历程本就充满传奇。但在中国，因唐玄宗的禁令，此曲逐渐失传，仅留下词牌。幸运的是，它在中日文化交流中传入日本，成为日本宫廷雅乐与民间传统节目，时至今日仍有演出。1992 年还能回归故里，这体现了文化传承的顽强生命力。即便历经岁月波折、政策变迁，优秀文化也能跨越国界、突破困境延续，启示我们应重视文化传播与交流，为文化传承创造多元路径。

人物命运与时代悲剧：兰陵王高长恭，容貌俊美、作战英勇，邙山之战尽显其果敢与谋略，挽救了北齐军队与战局。然而，功高震主的他，竟因一句“家事”被堂弟高纬猜忌谋反。即使他惶恐避战，仍难逃被赐死的命运。年仅 28 岁便离世，且死前冤屈难申。他的遭遇是封建王朝权力斗争下功臣命运的缩影，展现出封建时代君主专制的残酷，警示后人权力的过度集中易滋生猜忌与迫害，对人才造成巨大伤害。

地域文化与名人效应：兰陵镇因兰陵王的封地在此而声名远扬，虽其郡府遗迹难寻，但兰陵王的传说与事迹融入了当地文化血脉。同时，这里还走出荀子、萧望之、匡衡等诸多名人，他们在不同领域为兰陵镇增添文化底蕴。名人与地域相互成就，地域滋养名人成长，名人提升地域知名度，提醒我们要重视地域文化的挖掘与传承，利用名人效应打造文化名片，促进文化繁荣与发展。

艺术创作与现实映照：兰陵王因长相过于俊美，为威慑敌人戴上狰狞面具作战，这一独特经历不仅影响了战争局势，还催生了《兰陵王入阵曲》中戴面具表演的形式，甚至可能与京剧脸谱起源相关。这表明艺术创作往往源于现实生活，现实中的人物事迹、特殊事件等能激发创作灵感，转化为艺术作品流传后世，反映特定时代的精神风貌与文化特征，让我们看到艺术与生活紧密相连的关系。

一池金鱼 500 年

在兰陵县城西北 5 公里的上元村，有一池颇具传奇色彩的五色金鱼，从近 500 年前到此安家直到现在，从来没有村民给它们喂食，它们却生生不息，且一旦离开此池，怎么善待都难养过夜，好像“奉旨”守池一样，只在此处生存。此五色金鱼生长缓慢，死后有特殊味道，连狗、猫都不吃。更令人惊奇的是这个鱼池中从不生长青蛙、蛤蟆、螃蟹、沼虾等水生动物，更没有其他鱼类。尽管“藏在深闺”，但色彩斑斓又有传奇色彩的五色金鱼，还是吸引了不少游客前来观赏。

上元村，北靠大山，南连平原，原名尚苑，即驸马府后花园，后演变为“上元”。金鱼池北有三间瓦房，里面立有几块石碑，碑文记载，这池金鱼是明朝万历皇帝赐给驸马夏泗水的观赏之物。

当年，做了驸马爷的夏泗水把公主娶回了老家，带回了皇帝亲赐的1000尾御园金鱼，并在府邸的后花园挖坑砌石修建了鱼池。从明朝万历年间算到现在，这些金鱼生活在上元村的时间确实有近500年了，500年生存下来，确实是一个奇迹。

五色金鱼池坐落在上元村的偏南部，金鱼池是用条石砌成，东西长约6米，南北宽约4米，水深约2米。隆冬时节，五色金鱼大都躲到水底，看不到它们的身影。附近的村民说，观赏五色金鱼的最佳时期是三月至十月，气温适宜，金鱼成群结队出来游动，色彩缤纷，成为一大奇景。

据村民说，因为金鱼太好看了，以前生出过不少是非，近几十年时间里，金鱼就曾三遭不测。

在抗日战争时期，据说当时有几个日本兵看到这些金鱼，想用手榴弹把它们炸死，可接连向水池里扔了好几颗手榴弹，都没有响，吓得赶紧走了。后来村民清理水池时，把手榴弹捞出来，结果又成功引爆了。

后来，五色金鱼又连遭两次投毒事件。2002年秋天，有人向鱼池里投毒，一下子毒死了不少金鱼，村里人发现后，赶紧把池子里的水全换了，村民数了数，共有 1000 多条五色金鱼，但是谁投的毒至今也不清楚。2005 年夏天，又被投了一次毒，这次投毒的人，事后被公安部门查了出来。投毒后，池里的鱼死了不少，但是也让村民发现了五色金鱼的另一个神奇之处，那就是金鱼的自我繁殖能力很强，不到两年就又满池了，大小也都跟原先差不多，而且，池里的金鱼一直保持在 1000 条左右。

五色金鱼的故事，在村民的讲述中越来越有传奇色彩。村民们说，这五色金鱼非此池不生，从此池中捞取的金鱼，哪怕是连同池水一起放到别处也活不下去，养不过一夜。五色金鱼从来没有人喂养过，但仍然能生存数百年，而且一直保持在 1000 条左右。这些神奇之处，村里人搞不明白，只好猜测说“神鱼嘛，总有它们的神奇之处”。

这些神奇的五色金鱼为什么会离池就亡呢？它们又靠什么维持生存？笔者专门走访了渔业专家，专家经过实地考证，说这种鱼是一种观赏性鱼类，学名叫“小锦鲫鱼”，它们离池就死，可能是与水温有关。锦鲫鱼可在 8 ～ 30℃的水温中存活，如果水温突然变化，在短时间内超过 2 ～ 3℃，就会造成死亡。

至于它们靠什么生存，渔业专家介绍说，虽然没有人喂养它们，但它们能依靠水中的微生物生存，或是一些雨水冲进池里的腐化物为生，在夏季，它们也会捕捉一些在水面低飞的虫子，而大一些的锦鲫鱼，还会吃一些水草。

另外，由于池子空间小，难以承担过多鱼类的生存需要，所以五色金鱼在适应这种环境的过程中，学会了“计划生育”，保持鱼数基本稳定。

古今链接

历史传承的奇妙见证：约500年前明朝万历皇帝御赐的金鱼，在小小的上元村鱼池繁衍至今，成为跨越数百年时光的奇妙见证。它们承载着明朝宫廷与驸马府的历史渊源，历经朝代更迭、世事变迁，顽强存活。鱼池虽小，却宛如一座活的历史博物馆，让后人得以通过这些金鱼，触摸那段尘封的历史，感受岁月长河中生命延续的奇迹，凸显出历史文化在平凡事物中的厚重沉淀。

传奇故事的文化魅力：金鱼池充满传奇色彩的故事，无论是日本兵投弹未响，还是多次投毒后金鱼顽强恢复，都为其蒙上神秘面纱。村民们口口相传这些故事，赋予金鱼“神鱼”的色彩，成为地方文化的独特符号。这些传奇故事丰富了乡村文化内涵，增强了村民对家乡的认同感与归属感，也吸引着游客前来探寻，体现出民间传说在地域文化传播与传承中的强大生命力和吸引力。

科学探索的解惑力量：面对金鱼离池即亡、数量恒定等神奇现象，渔业专家通过科学考证给出解释。水温变化影响生存，微生物、腐化物及昆虫水草提供食物，空间限制促使“计划生育”，科学为神秘现象找到了合理依据。这让我们认识到科学探索能够打破迷信与未知，揭示事物本质，在面对生活中的奇妙现象时，应秉持科学态度，用知识解开谜团，实现传统文化与现代科学的交融互补。

浅谈《金瓶梅》中的兰陵民俗

梳理和清点兰陵的历史文化遗产，就不能不提及中国古代通俗小说名著《金瓶梅词话》，因为经考证，该书的原作者就是明万历年间的兰陵人“兰陵笑笑生”。

兰陵笑笑生只是一个笔名，作者的真实姓名目前还无法考证，但作者兰陵笑笑生是兰陵县西兰陵人已是确定无疑的了。

经过对各种版本的比较研究和考证，证明：该书的写作成文时间，最早不能早于万历十年（1582 年），最晚不能后于万历三十四年（1606 年），而作者确实是兰陵人氏兰陵笑笑生。

今存的《金瓶梅词话》分藏于中国和日本的万历

四十五年刻本，是《金瓶梅》一书的最早版本，这个版本是由欣欣子作的序，序中一再肯定了《金瓶梅词话》的作者就是兰陵笑笑生。而研究又证明，该书可能是兰陵笑笑生根据说唱艺人的底本，截取了《水浒》中的一部分作为故事构架，掇拾了宋代甚至明代通俗小说、笑话和公案充实作品细节，抄录了不少正德到嘉靖时代散曲合集中的小令和套数充实了词话这一体裁，在经过了整体构思、重铸、穿插、映带再创作后，才成此书的。《金瓶梅》是一部架构宏大、结构紧密、首尾照应、浑然一体的巨著，一百回近 100 万字，从一开头便目光直注结尾。同时，作者深谙“文似看山不喜平”的写作技巧，情节上犹如一个紧扣一个的连环扣，文气上则形成大高潮中又套小高潮，属大手笔之作。

兰陵笑笑生在写此书时，无疑调动起了他全部的生活体验、人生哲学、学术修养以及文学素质，所以在这部作品中，不可避免地保留了他所生活的特定人文与自然环境留给他的地域文化特征。经过对《金瓶梅》书中使用的一些民俗、方言词语的考证和研究发现，书中使用了大量的至今还留存于兰陵、临沂的北方地方方言，而且其中有些还带有浓郁的地方民俗特点。

吴晗先生在《〈金瓶梅〉的著作时代及其社会背景》中说过："一个作者要避免含有时代性的记述，虽不是不可能，却也不是一件容易的事。因为他不能离开他的时代，不能离开他的现实生活。他是那时候的现代人，无论他如何避免，在对话中，在一件平凡事情的叙述中，多少总不能不带有那时代的意识，即使他所叙述的是假托古代的题材，无意中也不能不流露出那时代的现实生活。"遵循吴先生示范的研究方法，我们很快就从《金瓶梅》书中找到了多处民俗内证材料：

如西门庆吃的"药五香酒"就是用兰陵美酒加郁金、元肉、大枣、人参、枸杞五味配料，外加冰糖酿成，此酒配方只传于了兰陵车辋世家宋氏，并不曾外传，而且在西门庆所处时代尚无此酒。兰陵笑笑生是兰陵人，又因西门庆是富豪之家，不经意间写他有此家酿，泄露了他自己在兰陵也不是一介乡民或说唱艺人，至少和某一大家族有关系的秘密。

又如《金瓶梅》书中多次提到的"胡博词"。"胡博词"，《长安客话》云："旧传王昭君琵琶坏，使胡人重造，而其形小，昭君曰'浑不似'，遂以名。《元史》以为火不思，今以为胡泼思，皆相传之讹。"兰陵笑笑生在不经意间写了自己家乡里熟悉的东西。原来源于兰陵的柳琴戏，原名拉魂腔，主要伴奏乐器柳叶琴就是胡词，而拉魂腔更源自当地流行的民间姑娘腔和花鼓调。

还有“姐儿”和“姐儿妞”，也为兰陵一带所独有的称谓和唱腔。“姐儿妞”是“姑娘腔”的雅称，“姐儿”则是演唱姑娘腔的女演员的雅称，兰陵笑笑生一不经意，又泄露了自己的家乡习俗。还有如“封门子”“欢门吊手”“豆豉”“滑塔子”“糖蒜”“秫秫”“开路鬼”和“半张靠山桌面儿”等民间地方特产和民俗地方习惯，都是兰陵及兰陵附近县乡所独有的，兰陵笑笑生就是在这些极熟悉的生活体验方可得知的民俗地方习惯上，泄露了他自己的生长所在地。

堪与《红楼梦》媲美的小说，那就是出自兰陵人氏兰陵笑笑生的通俗小说《金瓶梅》。只不过两书所代表的文化层次不同罢了。《红楼梦》代表的是“有教养”的文化层次，而《金瓶梅》则代表了中华文化的另一个层面，这种文化可以勉强称为市井文化。作为中华文化，有教养的文化和市井文化都是其中的一个部分，缺哪一方面都不算完全。而且《红楼梦》与《金瓶梅》两部书，也不能因为文化层次不同而有价值高低之分。

一部与《红楼梦》齐名的古代名著出自兰陵笑笑生之手，而且在作品中凸显出了那么多的兰陵文化乃至沂蒙文化的一些特点，为沂蒙文化增添更多的色彩和厚重。

古今链接

文学作品的地域文化烙印：《金瓶梅》作为一部伟大的文学巨著，作者兰陵笑笑生在创作时，不自觉地将自身所处的兰陵地域文化融入其中。从独特的方言词汇，到具有地方特色的民俗物品、称谓以及民间艺术形式，如“药五香酒”“胡博词”“姐儿”“姐儿妞”等，这些元素如同文化密码，揭示了作品背后的地域根源。这启示我们，文学作品往往是作者生活经历与地域文化的结晶，地域文化赋予文学作品独特的生命力与辨识度，成为其不可磨灭的底色，也为读者打开一扇了解特定时代、特定地域社会风貌的窗口。

地域文化传承的文学载体价值：通过对《金瓶梅》的研究，我们发现其中留存的兰陵民俗，很多至今仍在当地有所体现。这意味着文学作品不仅是一时的创作成果，更是地域文化传承的重要载体。在岁月流转中，当某些民俗的现实传承面临困难或出现记忆断层时，文学作品却能将其定格并流传下来。《金瓶梅》让后人得以跨越时空，领略明代兰陵地区的市井生活、民间技艺和风土人情，为地域文化的传承与研究提供了珍贵的资料，提醒我们重视文学作品在文化传承中的关键作用。

文化多元性与平等观：文中将《金瓶梅》代表的市井文化与《红楼梦》代表的“有教养”的文化相对比，强调二者虽文化层次不同，但同为中华文化不可或缺的部分，无价值高低之分。这一观点体现了文化的多元性和平等性。地域文化在不同阶层、不同生活场景中孕育出丰富多样的文化形态，无论是阳春白雪还是下里巴人，都有其存在的价值与意义。我们应尊重文化的多元性，摒弃对不同文化形态的偏见，全面理解和传承丰富多彩的中华文化。

庄坞镇河西村贞节牌坊

兰陵县庄坞镇河西村有一座保存尚好的贞节牌坊，该牌坊旨在颂扬嫁给庄坞杨氏十二世杨绩的刘氏。刘氏在丈夫去世后守寡50余年一直没有改嫁，她的这一举动最后得到了嘉庆皇帝的褒奖，下旨为刘氏修建了这座贞节牌坊。如今，这座表彰她贞节不二的牌坊依然矗立在庄坞的杨氏家祠前，成为鲁南地区保存最为完整的一座贞节牌坊。

这座建造精美的贞节牌坊用青石雕凿，以打制精确的石榫石卯构建而成，高10米，长7.5米，宽2.5米。牌坊中间是正门，穿过正门，直通杨氏家祠的大门。在牌坊的正门两侧各有一个侧门供人出入，正门两侧上方刻有一副对联，内容为“冰霜著节垂千古，松柏为心贯四时”，此乃对刘氏坚守贞操的赞扬。

牌坊最上面是古楼顶结构，雕刻有“圣旨”两字的石制牌匾高悬在楼顶檐下，在阳光照耀下显得格外耀眼。“这个牌坊可是皇上亲自下旨修建的。”作为杨家后裔，74 岁的杨朝贞负责看护这座牌坊和杨氏祠堂已经整整 20 年了，杨朝贞介绍说，当时石牌坊由沂州府出钱建造，动用了 32 名石匠，嘉庆十一年（1806 年）建造完工，距今有 200 余年的历史。

牌坊四根门柱前后两面各置有一尊高约 2.5 米用整块石料雕刻而成的塑像。朝阳面，从东向西依次是骑着谛听的地藏菩萨，唐朝名将秦琼、尉迟敬德，骑着青狮的文殊菩萨；朝阴面，自东向西依次是观音菩萨，汉末名将关平、周仓，骑着白象的普贤菩萨。这座牌坊的横梁共分 5 层，正面和背面分别雕刻有“双凤朝阳”“八仙出行”“状元游街”“双龙戏珠”等精美图案。

200 余年间，临沂曾发生数次地震，且几经战火，但是这座牌坊却依然矗立如初。杨朝贞说：“这可能与牌坊的石基打得深有关系，向下 1 米全是石头。”据说，当年为了稳固牌坊，石基最下层专门铺了厚厚的棉炭，且周围 10 米内也如此。

据《杨氏家谱》记载，刘氏嫁的是庄坞杨家第十二世杨绩。杨绩的父亲乃是一名京官，而杨绩也在朝为官，刘杨两家联姻可谓门当户对。刘氏嫁给杨绩后没过几年，杨绩因病去世，刘氏没有生育。杨绩的前一任妻子只生有一个儿子，名叫永琪。

杨绩去世后，正值青春年华的刘氏没有回娘家，也没有改嫁，而是选择留守杨家。刘氏活到 70 多岁去世后，在省城为官的永琪就开始上奏朝廷，为他的二娘请建贞节牌坊。嘉庆九年（1804 年）上报朝廷，第二年皇帝批准，第三年建成。刘氏因此被皇帝追封为“安人”。

牌坊的一块石匾上刻有这样一行字：“内阁学士兼礼部侍郎提督山东全省学政加三级、沂州知县加一级。”山东省内出了这么一位贞节女子，地方上有关官员也都因此受到了不同程度的嘉奖、提升。

刘氏的事迹不仅成了杨家的无上荣耀，也是地方官员的一个不小政绩，但是在杨家的家谱上却找不到这位刘氏的真实名字，留在家谱上的只有这样几个字：“杨绩续妻刘氏。”

以现在人的角度去看，当时之所以能建成这座牌坊，很大程度上是由于清王朝需要宣扬忠君报国、守道顺德的封建思想，以巩固皇权。

这座贞节牌坊，是对刘氏贞操的高度赞扬和肯定。这种表彰是当时社会道德观念的集中体现，被视为女性的最高荣誉之一。一个家族中有女性获得贞节牌坊，意味着这个家族有着良好的家风和道德传承。这不仅会让家族在当地受到尊重，还可能为家族带来更多的社会资源和获得各方面的支持。

杨氏贞节牌坊，矗立在兰陵县庄坞镇的杨氏家祠前，为兰陵杨氏后人带来了无限的荣耀，杨氏后人对这份荣耀倍感珍惜，几百年来，克勤于邦，克俭于家，涌现了一大批优秀人才，他们积极努力，艰苦奋斗，为鲁南大地谱写了一曲“忠厚传家远”的颂歌。

古今链接

历史文化遗产的见证价值：贞节牌坊作为物质实体，是历史的鲜活见证。它以精美的青石雕凿、严谨的榫卯结构矗立 200 余年，历经地震与战火仍完好如初，承载着嘉庆年间的建筑工艺信息，其独特的楼顶结构、精美的雕刻图案，从“双凤朝阳”到“八仙出行”等，反映了当时的艺术审美与文化喜好，让后人得以直观地触摸历史，感受先辈们的智慧与技艺，凸显文化遗产在传承历史记忆中的关键作用。

封建礼教与女性命运的审视：刘氏青春守寡50余年未改嫁，换来贞节牌坊与“安人”追封，背后是封建礼教对女性的严苛束缚。在当时，女性被要求遵循从一而终的观念，以此维护社会道德秩序。但从现代视角看，这是以牺牲女性个人幸福为代价的。她在家谱中连真实名字都未留存，仅以“杨绩续妻刘氏”代称，揭示封建时代女性地位的低下与权利的缺失，促使我们反思封建礼教对人性的压抑与扭曲。

社会观念与家族荣耀的关联：在封建时期，贞节牌坊对家族意义重大，它是家族良好家风与道德传承的象征，能带来社会尊重与资源。杨氏家族因刘氏事迹获此殊荣，激励后人克勤克俭、积极进取，涌现众多优秀人才。这表明社会观念对家族发展有着强大的导向作用，特定时期的价值观既能成为家族奋进的动力，也可能成为禁锢个体的枷锁，提醒我们客观看待传统社会观念对家族文化塑造的复杂影响。

煎饼闲话

煎饼是兰陵人民的主食，是沂蒙山区最具代表性的土特产，是沂蒙山区的注册商标！

“煎饼甜，煎饼香，吃了煎饼能扛枪，打完临沂打台庄，打得鬼子喊爹娘。”“烙煎饼，一张张，孬好粮食都出香，省功夫，省柴粮，农家日月第一桩，又卷咸菜又抹酱，个个吃得强又壮。”有多少人是唱着煎饼的歌谣吃着煎饼长大的？兰陵城乡家家户户都摊煎饼，沂蒙山区的城镇乃至整个山东的城镇街头巷尾路边都有“塌煎饼”的小摊。层层煎饼夹上青菜、磕上鸡蛋、拌上粉条……一大清早，一个时髦女郎，胳膊上挎着包，双手捧着刚买的“塌煎饼”，急急忙忙边走边吃赶着上班，是一道亮丽的风景。

煎饼是何年何人发明的历史无从考证，最早见诸文字记载是东晋王嘉的《拾遗记》，以后历代都有文字记载，清代文学巨匠蒲松龄有《煎饼赋》传世，冯玉祥隐居泰山时撰写了《煎饼——抗日与军食》。有传说煎饼是临沂人诸葛亮发明的：诸葛亮辅佐刘备之初，兵微将寡，常被曹兵追杀，一次被围在沂河畔，锅灶尽失，将士饥饿困乏，又不能造饭，诸葛亮便让伙夫以水和玉米面为浆，将铜锣置火上，用木棍将米浆摊平，煎出香喷喷的薄饼，将士食后士气大振，杀出重围，从此煎饼在沂蒙大地上流传至今……

兰陵人是吃着煎饼长大的。20世纪六七十年代，粮食不够吃，他们吃过地瓜秧子的煎饼、猪牙草的煎饼，就是把地瓜秧或者猪牙草掺上粮食用石磨磨成糊状，烙成的煎饼碧绿碧绿，现在想起来那可真是纯正的“绿色食品”！可是吃起来有一股子青草味，拉得嗓子生疼……一个文友送过我一盒精装的煎饼，种类齐全：雪白的小麦、金黄的玉米、棕红的高粱、碧绿的绿豆、深黑的荞麦、银灰的地瓜……我还吃过蒙阴的酸煎饼、枣庄的甜煎饼和咸煎饼、曲阜的“酥客斯”煎饼、新泰的“楼德”煎饼、天津的“煎饼果子”，以及北京地区近几年流行的“一品酥脆煎饼”。我在费县还吃过用柿子和粮食一起做的水果煎饼，很好吃，甜甜的……困难时期我吃过母亲为我们精心烙制的点心——鲁南地区广泛流传的“三打铁”：把花椒嫩叶加盐用蒜臼子捣细，加到一大碗面糊里，有时还磕上鸡蛋，在鏊子上摊一层煎饼，翻过来后再摊一层，连续摊三层，有一寸多厚，因此俗称“三打铁”。又香又脆，非常好吃，当时是何等的美食啊！现已好多年没有吃过了。

现在很多人都喜欢吃煎饼，有几人知道什么叫“滑塌子”？“滑塌子”就是摊一回煎饼烙的第一个或者最后一个煎饼。摊煎饼时，首先要用“油袋子”擦鏊子，所以烙第一个煎饼时鏊子很滑，烙的煎饼就比较厚；而烙最后一个煎饼时，面糊剩多剩少都摊到鏊子上，煎饼往往也比较厚，又滑又厚所以就叫“滑塌子”。过去粮食不够吃，人们就都争着吃“滑塌子”，顶饥扛饿。天下第一奇书《金瓶梅》上就出现了“滑塌子”这个词语，专家据此考证《金瓶梅》的作者兰陵笑笑生就是沂蒙山人！

2012 年深秋，在云南玉龙雪山下，我们几个正在吃煎饼，一位老者笑着奔到我跟前问：“你们是山东临沂的？”我有些惊讶，回答之后问他为何知道，他高兴地说：“你们吃的煎饼！”我恍然大悟。老者告诉我们，他也是临沂人，在云南工作三十多年了，有十多年没回老家，没吃过家乡的煎饼了。亲不亲，故乡人，老乡见老乡，两眼泪汪汪，我们把剩下的十几个煎饼都给了老者，老者激动得热泪盈眶，紧紧握着我们的手久久不放，给我们留了电话号码，邀我们去他家做客，最后说："我又吃到家乡的饭了！"

现在生活好了，我们的煎饼也不一般了，过去只是农家饭桌上的饭食，现在登堂入室进入了高级饭店，被切成了小块用盘子端着供人们品尝。临沂"沂蒙六姐妹牌"煎饼不光走入大城市，还走出国门，走向了世界。

古今链接

这篇《煎饼闲话》从多维度展现了煎饼与兰陵乃至沂蒙山区千丝万缕的联系，饱含着深厚的地域情感与文化韵味。

地域美食的文化标识意义：煎饼在兰陵及沂蒙山区，早已超越普通食物范畴，成为地域文化的鲜明标识。它贯穿在百姓日常生活中，家家户户摊煎饼，城镇街头卖煎饼，是当地人从小吃到大的主食，承载着儿时记忆与成长轨迹。歌谣传唱煎饼，文学作品记载煎饼，传说故事赋予其传奇色彩，从东晋《拾遗记》到蒲松龄《煎饼赋》，从诸葛亮发明煎饼传说到《金瓶梅》中的“滑塌子”，煎饼深深嵌入地域文化肌理，成为连接历史与当下、文学与生活的文化纽带，彰显出地域美食在塑造地方文化形象中的独特价值。

时代变迁下的饮食记忆：煎饼见证时代更迭与生活变迁。20世纪六七十年代物资匮乏，人们用地瓜秧、猪牙草混合粮食烙煎饼，虽口感不佳却满含生存艰辛。如今生活改善，煎饼种类丰富多样，从普通杂粮煎饼到水果煎饼，从农家饭桌登上高级饭店，甚至走出国门。这种变化不仅是食物品质的提升，更映射出社会发展进步。同时，困难时期母亲精心制作的“三打铁”，承载着家庭温暖与亲情关怀，成为特定时代难以磨灭的饮食记忆，让我们意识到食物在岁月流转中对情感传承的重要作用。

美食引发的情感共鸣：煎饼能跨越地域界限，唤起游子对家乡的深切思念。云南玉龙雪山下，临沂老者仅凭看到煎饼就认出同乡，因煎饼勾起多年思乡情，这份对家乡食物的眷恋质朴而浓烈。小小的煎饼成为连接同乡情感的桥梁，引发情感共鸣，体现出地域美食在凝聚乡情、慰藉乡愁方面的强大力量，也提醒着人们食物背后蕴含的情感价值远超其本身，是维系游子与家乡的精神寄托。

地方特产的经济价值拓展：以“沂蒙六姐妹牌”煎饼

为代表，煎饼从本土走向世界，实现经济价值的跃升。它从传统农家饭食发展为地方特色产业，借助品牌化运营，打开国内外市场，为当地经济发展注入活力。这表明地域美食作为特色资源，通过合理开发与推广，能在经济领域发挥重要作用，带动地方产业升级，促进文化与经济融合发展，彰显出地方特产在现代社会多元价值的挖掘潜力。

古人抱犊山中隐

抱犊崮风景区位于兰陵县城西北30公里处，而主峰抱犊崮位于兰陵县下村乡西部与枣庄交界处。

抱犊崮为鲁南第一高峰，居“沂蒙七十二崮”之首，被誉为“天下第一崮”，属沂蒙山区，海拔584米，是一座集自然景观、人文景观为一体的名山。山势突兀、巍峨壮丽、泉流瀑泻、柏苍松郁。半山处有山洞数十个，崮顶沃土良田数十亩，松柏茂盛，苍翠欲滴，奇花异草，满崮烂漫。伫崮东眺，黄海茫茫云雾缭绕。《峄县志》载：“邑八景之冠，为君山望海。”极目南天，平野如画。山麓下、丛林间，泉水叮咚，清溪潺潺。春夏秋冬，四季分明，山光各异：春报桃李争妍放，夏暑浓荫不侵肌，秋染红叶醉霏芳，冬雪绽玉松梅奇。山腰间，有一处十八罗汉洞，洞内四周壁崖上雕刻着神态各异的佛像。

抱犊崮拔地通天，鹤立群山，以她独有的“雄、奇、险、秀”而著称，崮身宛如高高的圆杯倒扣于山峰之上，自颈至巅，峭壁如削，山石裂缝纵横，古柏倒挂。晴日的早晨登临崮顶观云海日出，只见云水一色，曦晖初显，一轮丹阳冉冉跃出云海，蔚为奇观，故有诗赞曰：“峭壁早邀沧海日，方台平宿泰山云。”

抱犊崮上一线天、阴阳界就是本地最有名的天险，是被当地人们称作为“鬼门关”的阴阳界。阴阳界也叫阴阳涧，紧挨着一线天，是一条深达60多米的大山涧。山涧两侧是突兀陡立的奇树怪石、悬崖峭壁。传说这条涧是吕洞宾的阴阳临界点，当地的百姓叫“鬼门关”。如果你在这里站上几分钟，或许会觉得胸闷气短，甚至还会出冷汗。所以至今当地还流传着这样一句话：“闯过鬼门关，能活九十三。”据专家调查分析，可能是由于周围特殊的地理环境造成此处二氧化碳聚集且不易散发，缺氧所致。

抱犊崮原名君山，汉称楼山，魏称仙台山。传说古时山下住着一个姓王的老汉，因无法忍受官吏的苛捐杂税，决心到又高又陡的楼山上去度过残生，可老汉家的耕牛无法上去，他只好抱着一只牛犊上崮顶，搭舍开荒，艰苦度日。谁料老汉平日饥食松子茯苓，渴饮山泉甘露，久而久之，渐渐觉得神清目朗、风骨脱俗，后经一位仙人点化，居然飞升而去，抱犊崮因此而得名。清代诗人雷晓专门为此作诗一首："谣传山上有良田，锄雨耕云日月偏。安得长梯还抱犊，催租无吏到天边。"又相传，东晋道家葛洪（号抱朴子）曾投簪弃官，抱一牛犊上山隐居，"浩气清醇，名闻帝阙"，皇帝敕封为抱朴真人，抱犊崮故名。

抱犊崮历史悠久，早在旧石器时代就有人类在此繁衍生息，山脚下王岭遗址、小古村遗址就是远古历史的见证。西汉刘向《列仙传》、东晋葛洪《抱朴子内篇·金丹》、唐李吉甫《元和郡县志》、清康熙年间东轩主人所著《述异记》等典籍中均有记载。把该山与泰山、华山、峨眉山一起列为"图经宇内三十二福地"，为"海西第一洞天"。抱犊崮久负盛名，历代文人墨客慕名前往，留下许多丽文华章和不少碑碣刻石，相传三国时魏国大臣、著名书法家钟繇曾学书于此，清代诗人雷铙《题君山》写道："曾闻湘水有君山，今见君山齐鲁间。借问峰头斑竹妃，几时飞过洞庭湾。"

抱犊崮又有洞天福地之誉，山中道教宫观、佛教寺院依山而设。崮东麓灵峰寺，历史上号称佛刹丛林，清虚盛景，相传为天下三十六福地之一。从寺中残存的碑文看，寺庙建于汉，为如来佛行宫，历代王朝“敕封榜谕”，几经修葺，现存遗址佛楼门匾上清雍正皇帝亲笔御书“释迦文佛”，被古今祈求福运的善男信女顶礼膜拜。灵峰寺鼎盛时期，殿宇轩昂，气势宏丽，300余僧咸集于此，拜佛诵经，香烟缭绕，后毁于战乱，现存有佛楼、钟鼓楼遗址，已被修复对游人开放。崮西有建于明朝以前的巢云观、三清观，俗称上、下观。

抱犊崮绿树如茵，气候宜人。森林总面积130平方公里，覆盖率65%，负离子比重大，空气质量优，湿度大，是不可多得的天然氧吧，现已被列为“国家地质公园”“国家森林公园”。

抱犊崮山水相融，景色优美。山东麓会宝湖、双河湖像两位妩媚的少女依偎在抱犊崮的怀抱里，湖光山色，碧波千顷，双河湖中的钓鱼岛已建成集休闲、度假、垂钓、疗养于一体的大型娱乐场所。抱犊崮景区交通便利，东通京沪，西达京福，南接206国道，北与沂蒙公路相连。抱犊崮开发正按照“保护自然、综合开发、长短结合、永续利用”的原则，加快开发步伐，完成了基础设施和部分景点的建设。

抱犊崮已成为鲁南吃、住、游、娱为一体的著名风景区，她正以优美的姿态欢迎有识之士前来游览观光考察，进行高层次的开发建设。

古今链接

自然景观的震撼与魅力：抱犊崮作为“沂蒙七十二崮”之首，拥有令人惊叹的自然景致。其山势巍峨，海拔584米，拔地通天，以“雄、奇、险、秀”著称。崮顶沃土青松、奇花异草，半山山洞遍布，山麓清泉潺潺，四季景致各有千秋。一线天、阴阳界等天险奇观，独特的地理构造形成如鬼门关般的神秘氛围，又因科学解释增添探索趣味。这种大自然的鬼斧神工，让我们深切感受到自然力量的伟大，也提醒我们要珍惜和保护这些宝贵的自然资源，让后人也能领略其壮美。

历史传说的文化滋养：抱犊崮丰富的历史传说赋予它深厚的文化底蕴。从王老汉抱犊上山隐居的质朴故事，到葛洪抱犊修行被敕封的道家传奇，每一个传说都承载着古人对美好生活的向往与精神追求。这些传说历经岁月流传，与历史典籍相互印证，如西汉刘向《列仙传》、东晋葛洪《抱朴子内篇·金丹》等记载，让抱犊崮在历史长河中熠熠生辉。它们不仅是地方文化的瑰宝，更滋养着一方百姓的精神世界，让我们看到文化传承的力量，古老传说在现代社会仍能激发人们对家乡、对传统文化的热爱。

兰陵美酒光辉灿烂的历史

“兰陵美酒郁金香，玉碗盛来琥珀光。但使主人能醉客，不知何处是他乡。”

这首脍炙人口的七绝诗《客中行》出自唐代大诗人李白之手。不仅写出了兰陵（今山东省临沂市兰陵县兰陵镇）美酒的色、香、味，也写出了诗人为之陶醉、倾倒的上佳享受与绝妙感觉。

兰陵美酒是介于白酒与黄酒之间的中国复合型酒类的典型代表，自古至今以黍米、郁金、大枣为基本原料酿造，且全国独家，是中华民族酒文化的一个独立源头。

民间传说玉皇大帝看到兰陵人敢爱敢恨、重情重义，作为一种褒扬与鼓励，就派小女“美玖”把天庭琼浆玉液的酿造之法传授给兰陵人，这散发着“郁金之香”、闪烁着“琥珀之光”的兰陵美酒就此流传百代。

据文献记载，兰陵美酒源于夏代少康中兴之时。少康是夏禹的六世孙，他恢复夏的统治后，分封其小儿子曲烈到缯地（今兰陵县向城镇为鄫国故城，周朝建立后，部落方国缯国因受周公之封成为诸侯之国的子爵国——鄫子国。缯国故城南距兰陵古城 20 千米）担任首领。少康是酿酒祖师爷杜康的原名，他的儿子曲烈也深得家传，名字里面的“曲”是酿酒所用的酵母菌——“麯”的简写，“烈”是说他酿出的味道醇正浓烈。醇正浓烈是好酒（美酒）的突出特征之一。曲烈之所以能酿造出味道美好的酒品，主要得益于所生产的黑黍子与呈弱碱性的地下水。黑黍子是古代酿酒的最佳原料，它的别名叫“秬”[①]，是古代谷物丰收的象征，所以黑黍子又叫“嘉谷”，至今仍是酿造兰陵美酒的基本原料。弱碱性地下水是抑制酒（乙醇）向醋（乙酸）转化的天然逆转剂。故，明代医学泰斗李时珍在《本草纲目》中写道：“兰陵美酒，清香远达，色复金黄，饮之至醉，不头痛，不口干，不作泻，其水称之重于他水，邻邑

---

① 秬（jù）：指黑黍子。古人视为嘉谷。

所造俱不然，皆水土之美也，常饮入药俱良。”

到了商周时期，缯国（鄫国）所生产的酒品成为王室贵族的专用酒品，所以，商代甲骨文及周代金文中有“郁鬯”[①]“秬鬯”的记述。正因如此，缯国的人们就给酿造“秬鬯之酒”的地方取了个“嘉谷”的名字。

公元前600年前后，鲁宣公把“嘉谷”之地赐给国相季孙行父（即后世所称季文子，有“妾不衣帛、马不食粟、府无金玉”“三思而后行”之誉）作为食邑，并在此建立城邑——次室邑。由于季文子治理有方，次室的酿酒业得到进一步发展，各国商人竞相来此交换。归隐江湖的范蠡为此往来于陶朱、次室之间从事贩卖“秬鬯之酒”的生意，大发其财。

战国后期，次室之地被楚国占领，为寄托“香草美人”的“君子之志”改次室为兰陵。公元前255—前238年间，伟大的思想家、教育家荀子应楚相黄歇之邀两任兰陵令。荀子任内粮食连年丰收，并且实行免征工商关税的经济政策，酒产量大增，成为畅销天下的名品。应众人之邀，荀子还为“秬鬯之酒”起了个名副其实的新名字——“兰陵美酒”。秦汉之际的道家人物安期生经不住兰陵美酒

---

① 郁鬯（chàng）：郁是郁金，鬯是用黑黍酿成、味道香醇的酒。

的诱惑，乔装打扮后，拿着所谓的“不老仙药”到兰陵换酒喝。

汉朝的缔造者刘邦的老家沛县离兰陵非常近，发迹以前天天抱着酒碗不放，到了“鸿门宴”与衣锦还乡高唱《大风歌》时喝的也是兰陵美酒，当了皇帝后也没把兰陵美酒忘记，并下令皇家贵族一起与他分享。汉景帝三年（前154年），刘邦的侄孙楚王刘戊参与“七王之乱”，兵败后自杀身死，汉景帝下令仍以王侯之礼葬于彭城狮子山（今江苏徐州狮子山）。这位王爷的陪葬物品之中就有两坛兰陵美酒。

1995年之秋，于狮子山楚王墓的深入探索之际，两坛封存完好的兰陵美酒惊现于世。其泥封之上，赫然镌刻着“兰陵贡酒”“兰陵丞印”及“兰陵之印”等戳记，历经2148载幽暗岁月，依旧完好无损。此番重见天日，经专家审慎鉴定，此酒不仅为迄今为止全球范围内出土年代最为久远、保存状态最为卓越且直接标注贡酒之名的酒品，更一举夺魁，成为中国1995年度十大考古发现之首。由此，“兰陵酒之诞生，乃酒文明之滥觞”这一命题，愈发显得坚不可摧，雅致非凡。

古今链接

文化传承的独特魅力：兰陵美酒历经数千年传承，从夏代少康中兴时起源，经商周成为王室贵族专享，到战国荀子命名，再至秦汉备受青睐，其酿造工艺与文化内涵一脉相承。李白的诗作更为其增添浪漫色彩，让后人能透过文字领略它的魅力。这种跨越时空的传承，体现了兰陵美酒顽强的生命力，也表明优秀文化在岁月长河中能够不断沉淀、延续，激励我们珍视和保护文化遗产，让传统文化的瑰宝在现代社会绽放光彩。

地域特色与品质根源：兰陵美酒独特的风味得益于当地的黑黍子和弱碱性地下水。黑黍子作为优质原料，赋予酒醇厚口感；弱碱性地下水抑制酒向醋转化，保证了酒的品质。这体现了地域环境对酿酒工艺的深远影响，彰显出一方水土养一方物的道理。它提醒我们，地域特色是文化多样性的基础，在传承和发展传统文化时，要充分挖掘和利用地域资源优势，打造具有独特魅力的文化产品。

历史见证与文化价值：狮子山楚王墓出土的两坛兰陵美酒，印着“兰陵贡酒”等戳记，是历史的实物见证。它们不仅是酒，更是古代酿酒工艺、社会经济与文化交流的重要物证，让我们得以直观感受兰陵美酒在汉代的地位。这充分展示了兰陵美酒深厚的文化价值，也凸显了考古发掘对研究历史文化的重要意义，激励我们深入探究历史，挖掘文化背后的故事。

第四章

兰陵非遗的传承

剪纸传承人：孙春红

主持人：我是《文化兰陵》栏目主持人杨紫，今天我们来到了非物质文化遗产剪纸传承人孙春红的工作室，来采访一下孙春红女士。春红姐您好，作为非物质文化遗产剪纸的传承人，您给我们介绍一下，剪纸这门艺术的特点。

孙春红：好的，剪纸作为中国最古老的民间艺术之一，有着非常悠久的历史，它起源于西汉年间，至今已有 2000 多年的历史。剪纸的特点叫作千剪不断，线线相连。我们剪纸艺人通过一把剪刀一张纸，就可以剪出千变万化的各种图案，剪纸的造型独特，色彩丰富，有着非常浓厚的民族特色。剪纸还有一个显著的特点，就是它包含了非常丰富的象征意义，比如说牡丹花开、喜上眉梢等，它传达的

在剪纸的孙春红

美好的愿望，是我们老百姓对未来生活的一种向往。

主持人：好的春红姐，您再跟我们讲讲您的剪纸艺术和您在剪纸这方面有什么样的特色。

孙春红：好的，我的第一个特色是传统剪纸。传统剪纸作为剪纸艺术的基础，是每一个剪纸艺人都必须掌握的。它的特点是线条细腻，形象逼真，传达的都是我们老百姓喜闻乐见的吉祥内容。第二个特点是染色剪纸。染色剪纸不同于传统的红色剪纸，它通过点染的方式，让作品更加鲜明，色彩艳丽，形象突出，内容也更加丰富。第三个特点，就是书法剪纸。我能根据一幅书法作品，剪出跟原作品一模一样的剪纸作品，使书法以剪纸的艺术形式展现。我的第四个特点就是人物肖像剪，我能根据人物本身或者照片，剪出特别像的人物形象，包括花鸟鱼虫、亭台楼阁、小桥流水等，一切我都能剪出来。

主持人：春红姐，您在剪纸这一行干了这么长时间，都取得了哪些成就，您给大家聊一聊吧。

孙春红：好的，我是中华文化促进会剪纸艺术委员会参会委员，我还是全国现代剪纸研究院会员，现在呢，也是咱们兰陵县非物质文化遗产剪纸项目传承人，我在咱们兰陵县卞庄街道担任联谊会副会长，我还是兰陵县首届艺术乡土艺术专业人才，我的作品也多次作为外事礼品销往全国乃至世界各地。通过这些年的坚持和努力，近年来，我也获得了一些奖项，并多次荣获国家级大赛二等奖、三等奖，另外最值得骄傲的是我的十二生肖剪纸作品已经连续 9 年作为临沂市邮政纪念邮戳图案并印成明信片在全国发行。

主持人：各位朋友，春红姐的采访到这里就要结束了，祝春红工作室越来越红火，春红姐的剪纸艺术更上一层楼，谢谢大家。

根雕传承人：娄孝铎

主持人：喜欢《文化兰陵》的朋友们大家好，我是《文化兰陵》栏目主持人杨紫，今天我们来到了非物质文化遗产根雕传承人娄孝铎先生的工作室，来采访一下娄先生。娄老师您好，作为非物质文化遗产根雕传承人，请您给我们介绍一下根雕这门艺术的特点。

娄孝铎：根雕，亦称根艺，或根的艺术，其创作理念秉承自然为主、人工为辅的原则，即所谓"七分天然，三分人工"。在这之中，七分天然强调的是保留根材原有的自然纹理与形态，创作时需小心翼翼，切勿损伤其天然之美；而三分人工，则意在精妙点缀，若能减至两分乃至一分，则更显自然之妙。人工雕琢之处，应力求与自然融为一体，

根雕传承人娄孝铎展示根雕作品

即便是刀痕，也应巧妙复原，使之看似天成。创作完成后，作品应给人以无人工雕琢之感，达到天人合一、浑然天成的境界。这便是根艺创作的至高境界——“雕而不雕，不雕而雕”，让人观之，难觅人工痕迹，唯有自然之灵跃然眼前。

主持人： 娄老师，请您再给我们介绍一下您的根雕艺术和您在根雕这方面有什么样的特色。

娄孝铎： 我们的根艺艺术，得到了中国根艺美术学会主席及副主席的高度推崇。他们当时便极力倡导中国的自然性根艺，并学习了山东苍山大师娄孝铎的技艺，其作品达到了天人合一、浑然天成的境界，这真正体现了我们的艺术特色。这项根艺创作的精髓，实则源自老祖宗的传承。其制作过程包含几个关键步骤：首先，不论是腐朽的根木，还是未腐朽的新鲜树根，第一步都是进行水煮，待其干燥后，再进行蒸煮；蒸煮完成后，需放置一段时间，随后进行烘干处理。这一系列步骤的目的，在于彻底破坏木材中的虫卵、细菌及木纤维，确保创作完成的根艺作品能够历经千年而不朽，万年不腐。这不仅是我们的独特之处，也是在全国根艺领域中独树一帜的特色。

主持人：娄老师，您在根雕这一行干了这么长时间，都取得了哪些成就，给大家聊一聊。

娄孝铎：2009 年，我的作品荣膺了两项国际艺术展的银奖殊荣；2008 年，我更是被评为国家中级根艺美术师。在全国大赛的舞台上，我的作品屡获佳绩，共摘得 10 余项国家级奖项。2012 年，我荣获山东省根艺大师的称号，并赢得了超过 30 项金奖的辉煌成就。同年，我的艺术成就还被认定为世界非物质文化遗产的一部分。2019 年，我有幸被评为临沂市十大非遗模范传承人之一，并荣获临沂市根艺创作突出贡献奖。此外，在 2021 年至 2023 年间，我连续三年被授予临沂市优秀传承人的荣誉。迄今为止，我在国内外各大赛事中，已累计获得了一两百项大大小小的奖项。眼前的这件作品名为《龙腾盛世》，它展现了一条腾飞的巨龙，气势磅礴，正是它在山东省根艺奇石展上赢得了金奖的荣耀。而这件《中国梦团圆》，其整体形态宛如一个中国结，寓意深远，令人魂牵梦萦，它不仅在国际艺术展上荣获银奖，还在全国根艺展等多个赛事中夺得铜奖及省级金奖。再来看这件《猴王贺岁》，它源于 2004 年中国根艺美术第九届根艺展，荣获了刘开渠根艺奖铜奖，并在 2009 年的国际艺术展上再夺银奖。我的作品在省级展览中也屡获金奖，如这件《养精蓄锐》，它不仅在全国大展上荣获刘开渠根艺奖精品奖，还在省市各级展览中多次斩获金奖，备受赞誉。

主持人：各位朋友，娄老师的采访到这里就要结束了，祝娄老师的根雕艺术更上一层楼，谢谢大家，再见。

小郭泥塑传承人：尹芳利

主持人：喜欢《文化兰陵》的朋友们大家好，我是《文化兰陵》栏目主持人韩刚，今天我们来到了非物质文化遗产小郭泥塑传承人尹芳利老师的工作室，来采访一下尹老师。尹老师您好，作为非物质文化遗产小郭泥塑传承人，请您给我们介绍一下小郭泥塑的历史。

尹芳利：兰陵泥塑发源地为咱山东省兰陵县向城镇小郭村，在咱兰陵这边都称小郭泥塑。兰陵县小郭泥塑起源于清代咸丰年间，原为已故泥塑艺人李玉发的曾祖父，叫李宗标，他师从天津泥人张，掌握了这个雕塑之技巧，利用咱本地的黄土黄泥，塑成人物或动物玩具，晾干涂上白粉，再上色就是彩绘，到集市上，这个走村串巷销售，后

右为小郭泥塑传承人尹芳利（右）

来遍及全村和周围的一些村庄，成为一个地方养家糊口的一门手艺。其制作技艺，代代相传，至今有200年的历史了。

主持人：请您再跟我们说说小郭泥塑的特点，以及您在这方面的特色。

尹芳利：咱兰陵泥塑是鲁南地区一枝富有地方乡土气息的民间艺术之花。兰陵小郭泥塑，它的题材广泛，现已发展到300多个品种，既有人物，也有飞禽走兽、果蔬虫鱼等；内容也有戏曲故事、神话故事、民间故事、当代的动漫和科幻故事的。兰陵小郭泥塑，它的制作精巧，造型完整统一，概括夸张简洁而不粗俗，泥塑玩具巧妙地把塑、彩、声有机地结合在一起，使泥塑形同声似，惟妙惟肖，生动传神。2006 年，兰陵小郭泥塑入选首批山东省非物质文化遗产名录。我在 20 世纪 80 年代拜师小郭村的李玉发老师，刻苦研究泥塑艺术，比较熟练地掌握了小郭泥塑的这个制作技巧，在继承师传的这个基础上，与现代的书画工艺美术，科幻故事、动漫故事融会贯通。在表现泥塑手法上，传统与创新相结合，形成了自己的泥塑艺术风格。

主持人：尹老师，你在泥塑这一行干了这么长时间，都取得了哪些成就，请您给大家聊一聊。

尹芳利：我从事小郭泥塑的研究创作 30 年了，在这些年，我也取得了不少成就。首先，是在 2006 年，获得了临沂市文化局颁发的传世十大民间艺人称号。2008 年，我又被批准为临沂市小郭泥塑传承人。我写的文章在中国工艺美术学会年会上获得了一等奖，这个题目就是《小郭泥塑的传承保护与开发利用》，副标题就是“浅谈小郭泥塑的继承与创新”。2014 年，我创作的小郭泥塑古装人物系列，在四川中国工艺美术年会上，获得了金奖。2012 年，我又被选拔为首届齐鲁文化之星。我的作品，参加了第六、七、八届山东省文化产业博览会，也获得了市文旅局和宣传部的证书，获得的成果也不少。其中在2006年，我写的《兰陵小郭泥塑的传承保护与开发利用》，获得了山东省文化厅科技成果三等奖。我又加入了中国工艺美术学会会员，现在，也是咱这个中国民间文艺家协会会员，获得了一些称号吧，我不再一一再说了。

主持人：各位朋友，尹老师的采访到这里就结束了，祝尹老师工作室越来越红火，尹老师的泥塑艺术更上一层楼。谢谢大家，再会。

面塑传承人：温通

主持人：喜欢《文化兰陵》的朋友们大家好，我是《文化兰陵》栏目主持人杨紫，今天我们来到了非物质文化遗产温氏面塑传承人温通老师的工作室，来采访一下温老师。温老师您好，作为非物质文化遗产面塑传承人，请您给我们介绍一下面塑这门艺术的特点。

温通：面塑艺术独具魅力，总的来看有5个特点：独特性、多样性、艺术性、传承性与灵活性。谈及独特性，面塑艺术以精湛的手工塑造技艺，创造出栩栩如生、活灵活现的形象作品。尤为值得一提的是，每一件作品皆出自匠人之手，于塑造过程中凝结匠心，确保每件作品均为独一无二的艺术珍品，无从寻觅其复刻版，这种不可复制性，正是面塑艺术独特性的精髓所在。多样性方面，面塑艺术凭借其精湛的手工塑造技艺，能够生动地再现人物、动物、花卉等众多题材，甚至细腻描绘出丰富的场景与地方文化特色。艺术家们通过灵巧的双手，将地域文化的精髓融入作品之中，展现了面塑艺术的无限多样性和深厚文化底蕴。艺术性上，面塑艺术通过精细的手工塑造，创造出栩栩如生的形象，并巧妙运用色彩的搭配，将艺术家的创作才华与情感倾注于作品之中。每一件作品都是艺术家心灵与技艺的完美融合，令人叹为观止。传承性方面，面塑艺术作为历史悠久的手工艺术，承载着深厚的文化底蕴。在婚庆、商业庆祝等多种场合，面塑艺术都发挥着重要的传承作用，让这一古老技艺得以薪火相传。此外，面塑艺术还具有极高的灵活性。其题材广泛，取材方便，且便于携带，艺术家们可以随时随地创作。在繁华的闹市区，艺术家们甚至能够当场为游客塑造出独特的作品，令人赞叹不已。更有动漫版塑像，以快速捕捉人物特点为准则，在短短几分钟内便能塑造出形神兼备的肖像。这种以快为准的创作方式，正是为了适应现代快节奏的市场需求，让面塑艺术在保持传统韵味的同时，也能紧跟时代步伐。

面塑传承人温通（右）

主持人：温老师您再跟我们说一说，您在面塑这方面有什么样独有的特色？

温通：我面塑艺术上的独特魅力，首要体现在我的灵活性上——我能边走边创作，将灵感与步伐巧妙融合。再者，我的作品紧贴年轻人与孩童的喜好与需求。孩子们钟爱何物，向往何趣，便是我深入研究的方向。正因如此，我得以在市场中稳固立足，实现边走边创作、边走边盈利的独特模式，这无疑是我最鲜明的特色所在。

主持人：温老师，您在面塑这一行干了这么长时间，都取得了哪些成就？给大家聊一聊吧。

温通：我的作品已被山东省商河博物馆珍藏，荣幸地成为该馆第 107 件藏品。这批作品生动展现了民间手工艺术的魅力，囊括了鼓子秧歌的欢腾、日照黑陶制作的匠心，以及日照蓝莓采摘的田园风光，同样引人入胜的，还有部分作品被日照方志博物馆所收录。迄今为止，我的作品已赢得众多政府机关的青睐，收藏数量累计逾千件。尤为值得一提的是，我曾荣获山东工艺美术学院颁发的收藏证书，以表彰我作品的艺术价值。此外，在参与政府机关举办的各项活动中，也屡获殊荣，包括优秀奖及一等奖等多个奖项。

主持人：各位朋友，温老师的采访到这里就结束了，祝温老师的工作室越来越红火，温老师的面塑技艺更上一层楼，谢谢大家。

六棋传承人：李玉才

主持人：喜欢《文化兰陵》的朋友们大家好，我是《文化兰陵》栏目主持人杨紫，今天我们来采访一下非物质文化遗产六棋传承人李玉才老师。李老师，您好，作为非物质文化遗产六棋传承人，请您给我们介绍一下六棋这项传统体育项目的历史。

李玉才：好的，六棋历史十分悠久，源自三皇五帝，最迟在春秋战国时期就已经产生，它是古代先民模仿战争而创造的一种棋类游戏，至少已经有两三千年的历史了，正是由于它有无穷的魅力和鲜活旺盛的生命力，所以一直传承至今，老少咸宜。

主持人：李老师请您再跟我们说说，六棋这项传统体育项目有哪些特点？

李玉才：好的，六棋和象棋、围棋一样，是我国传统的棋类游戏，另外，它与围棋、象棋又有显著的不同。首先，是要有一个棋盘，就是把这些棋子摆满棋盘，然后进行一个布局，排兵布阵的这个阶段。第二个阶段，是通过拔棋、吃子、运子，来进行具体的对弈搏杀。六棋不仅是一种休闲娱乐的活动，它的内涵和外延也非常的复杂和广阔，它不仅包含了中国传统的乾坤阴阳五行八卦等哲学思想，同时具有艺术性、竞技性、文化性、科学性、哲理性，又有兵法等这些元素。所以，它博大精深，魅力无穷。就具体的特点而言，我在这里呢，简单地说一下它这三个方面的特点。第一就是娱乐性，历来我们老百姓下六棋主要追求的就是它的趣味、娱乐性，在田间地头，在农闲之余，几个人捉对、对弈。第二就是在劳动劳累之后，或者是心情烦闷时，找一些熟悉的棋友进行对局，很快他们的烦恼就会都抛之脑后。第三就是六棋作为一个智力运动项目，可谓是“六棋方寸地，智谋万丈深”。它的竞技性，也是非常突出的，比方说我在这里摆了一个“6”，还有这里的一些“方”，这个棋是黑棋先走，他们会通过互相的运棋、对攻等，进行战斗，直到分出胜负。这是它的竞技性的一个很好的体现，这些都需要我们不断地进行挖

六棋传承人李玉才（前排左）

掘、整理、传承。

主持人：李老师，关于六棋这门棋艺的存续价值和存续状况，请您给大家聊一聊。

李玉才：好的。从刚才的介绍，大家应该发现六棋的魅力和价值所在。六棋作为中国传统文化的一项技艺和传承，它既是劳动人民智慧的结晶，也是中国文化的一种具体体现，所以，它非常有传承价值。具体来说，它既能丰富劳动人民的业余生活，给他们带来无限的乐趣，又能开发青少年的智力，锻炼大脑，训练人的逻辑思维能力，能提高人的观察力、注意力、想象力、记忆力，以及判断力，所以，它非常有学习研究的价值。另外，作为一种非物质文化遗产项目，它具有中国棋类艺术的共同特征，所以我们现在这个社会，个人还有相关部门，应该更加去重视、挖掘整理这一项棋类项目。

关于六棋的现状，不容乐观，尤其最近几十年来，随着社会经济科技的迅速发展，原来的那种六棋赖以生存的环境不复存在。尤其现在科技产品，包括手机、电脑等的普遍应用，人们更多的时间都用到去玩电脑、看手机，六棋现在面临失传的危险。所以我们现在，就更有必要去加强保护，加强重视。我想，对于我们这些传承人来说，首先要继续学习好、传承好六棋这门棋艺项目。我从去年开始，也尝试着用棋谱的方式来记录六棋，本着以六棋来记录“非遗”，以棋谱来传承“非遗”这样的思想，创新六棋传承的方式，改变以往没有文字棋谱记录六棋的这种局限性。同时，我也呼吁，社会、集体啊，包括一些热心人士，我们共同努力，加强对六棋的重视和保护，不断地进行挖掘整理，争取让这门古老的“非遗”项目，能够重新焕发光彩，让它发扬光大，也为我们伟大的中国梦增光添彩。

主持人：各位朋友，李老师的采访到这里就要结束了，祝李老师六棋棋艺更上一层楼，六棋给我们兰陵人民带来更多的快乐，谢谢大家。

孟氏草编传承人：孟召芝

主持人：喜欢《文化兰陵》的朋友们大家好，我是《文化兰陵》栏目主持人杨紫。今天，我们走进了非物质文化遗产孟氏草编传承人孟召芝老师的工作室，对孟老师进行一次深入采访。孟老师，您好！您作为非物质文化遗产孟氏草编传承人，能给我们介绍一下草编这门艺术的特点吗？

孟召芝：好的。草编的特点与草本身的特性密切相关。草的好处很多，要是做成衣物穿在身上，凉爽透气，下雨时还能挡雨，不下雨时又能让人感到凉快。不同的草有不同的用途，比如有的草能编帽子，有的草能编蓑衣，冬棕叶可以编动物，蒲草能编扇子，种类十分多样。芦苇和芦

孟氏草编传承人孟召芝（右）

苇花能编草鞋，在过去，物资匮乏，人们没鞋穿的时候，就会用这些材料编草鞋。过去没有雨衣，人们就用草编蓑衣来当作雨衣。现在，草编也在不断创新改变，像草帽的设计就更加多样化了。

主持人：孟老师您再跟我们说说，您在草编这方面有什么样的特色？

孟召芝：我可以给你介绍一下我编的这些动物。这些动物是用棕叶编的，鲜棕叶编出来就是这种样子。不过鲜棕叶编的容易枯萎，所以我们会对其进行加工，加工后的棕叶制品能长期保存，放很长时间都不会变色。像这个小鸡是用苞米皮编的，还有这种小背篓，过去上了年纪的人经常用，它是用蜡条编的。这些动物都是棕叶编的，都需要经过加工处理。之前我带着编的小鸡去临沂参展，还获得了三等奖呢，在职业学院参展时也获过奖。这个是棕叶编的，取自棕树上，棕树底下包裹着的保暖的薄毛，我还用来编过小牛。还有这些小蚂蚱、大龙虾、小知了，这个知了是没蜕壳的，我还编过蜕壳的，另外还有小蟋蟀、蝎子等，只要是我见过的小动物，我都能编出逼真的仿制品。

主持人：孟老师，您在草编这一行干了这么长时间，都取得了哪些成绩？给大家聊一聊吧。

孟召芝：好的。我给大家说一说。我上次去济南参展比赛，拿了三等奖；去临沂参加巧姐比赛，拿了一等奖；还有旅游局组织的比赛，我拿了三等奖，也就是铜奖，还获得了现金奖励。我还去济南大学城的公益美术学院学习，在那里教学生草编技艺。另外在临沂也参加过比赛，拿了三等奖。

主持人：各位朋友，孟老师的采访到这里就要结束了。祝孟老师的工作室越来越红火，孟老师的草编艺术更上一层楼。谢谢大家。

薛南山石砚传承人张绍云、张丽萍

主持人：喜欢《文化兰陵》的朋友们，大家好！我是《文化兰陵》栏目主持人杨紫。今天，我们走进非物质文化遗产薛南山石砚传承人张绍云、张丽萍夫妇的工作室，一同探寻薛南山石砚的独特魅力。张老师，您好！张老师，作为非物质文化遗产薛南山石砚传承人，您给我们介绍一下薛南山石砚的历史吧。

张丽萍：薛南山石砚的历史要追溯到东汉时期的后汉。当时，后汉的书法家就已经开始使用薛南山砚了。它不仅是历史名砚，也是咱山东省的地方名砚，距今已有2000多年的历史。之所以叫薛南山砚，是因为有个薛南村，它以此得名。后汉时期，曹操兴兵，听说这种石头可以做砚台，就动员众人挖掘，用来制作砚台书写战书等，通过研墨将其磨成墨汁使用。

主持人：张老师，您再跟我们说说，跟其他砚台相比，薛南山石砚有什么样的特色呢?

张丽萍：给您看看就知道啦。薛南山石砚开采时，您看，它这一溜是包着水的，水能润石。打开后，里面摸起来特别润。去掉上面一层石皮后，发墨效果非常好。它的结构分子式也很独特，呈刀节形状，不滑。用它研墨写字，墨汁非常有光泽。薛南山砚最大的特点，就是去掉土后，上边会有灰色麻点。只要是这种颜色和麻点形态的，都可统称为薛南山砚。其他砚台开采出来的石头表面是平的，不存在这种情况。第二个特点是，开采完去掉土和灰色部分后，能显露出四周竹节状的花纹，有的花纹很通透，有的不太明显，但都很漂亮。第三个特点，它的厚薄程度不一。像这三块，虽是同一类型，但石质不同。把砚台打磨好，弄好砚堂后，摸起来很润，贴在脸上，感觉特别舒服，就像小孩的腚帮子一样光滑。而且，它有多种颜色，像黄绿色、灰色、褐色等，只有具备这些颜色和形状特征的砚台，才能称得上真正的薛南山砚。

主持人：张老师，您在收藏制作薛南山砚方面都取得了哪些成就，给大家聊一聊吧。

张丽萍：好呀，给您看看我的证书。这块《一叶知秋》砚台在北京参展时，经制砚专家评比，在精品展获得金奖，下面还有大师的签名，我对这块砚台的制作相当满意。这是鲁砚协会颁发的，在现场制作砚台时，我被评定为薛南山制砚名家。还有这块砚台，在北京获得精品二等奖。至今石砚三届鲁砚精品展我都参加了，并且都获得了奖项。2022 年，临沂市工艺美术协会评审委员会授予我临沂工艺美术大师的称号。另外，咱县文化馆还给我们制作了“薛南山砚”的牌匾，因为我们专职制作薛南山砚。

索村泥陶传承人：孙宗玺

主持人： 喜欢《文化兰陵》的朋友们，大家好！我是《文化兰陵》栏目主持人杨紫。今天，我们怀着满满的期待，走进了非物质文化遗产索村泥陶第六代传承人孙宗玺夫妇的工作室，一同揭开索村泥陶神秘的面纱，探寻它的独特魅力。孙老师，您好！孙老师，作为非物质文化遗产索村泥陶传承人，能给我们介绍一下索村泥陶的历史吗？

孙宗玺： 索村泥陶的起源颇具故事。当初，我们的老祖从山西迁移至此，路过索村时，一眼就相中了这里的泥料，品质相当出色。老祖挑着担子，带着两个孩子，就在索村定居下来，建起了泥陶作坊，从此开启了索村泥陶的

索村泥陶传承人孙宗玺（中）

传承之路。算起来，索村泥陶已有600多年的历史，历经了六代传人，这漫长岁月里，传承从未间断。

主持人：孙老师，您再跟我们说说，索村泥陶有什么样的特色呢？

孙宗玺：索村泥陶的泥料与其他泥陶相比，优势十分明显。就拿用这种泥料做成的茶壶来说，它的凉水效果绝佳。哪怕把茶壶放在炎炎烈日下，不管外面温度多高、太阳多毒，壶里的水始终晒不热，一直保持清凉。而且，这茶壶透气性特别好，凉水速度快，隔夜也不会变味。用它泡茶叶，不仅能增加茶叶的口感，还能激发茶叶的香味。

索村泥陶采用传统的轮制和手拉坯手工制作工艺，成品呈圆形。壶嘴、壶把以及上面的装饰，有的是雕刻而成，有的是手工绘画，全都是纯手工打造，保留着传统制作工艺的韵味。烧制则采用土窑柴烧，这完全依靠经验。烧制过程中，要时刻盯着窑炉颜色的变化，以此来控制火候，决定增加或减少投柴量。

主持人：孙老师，您在制作索村泥陶这方面都取得了哪些成就，给大家聊一聊吧。

孙宗玺：这些年，获得了不少荣誉，证书都装满了一大柜子。我随便拿几本给大家看看，这个是在建党 100 周年，也就是 2021 年红色非遗展示中获得的二等奖；这个是 2022 年被评为乡村振兴十佳鸿雁；这是 2022 年荣获的年度文化之星；这个是 2023 年入选山东省乡村特色文化艺术典型案例；这是 2024 年获评临沂市优秀鸿雁；还有 2024 年在临沂市“遗有好物”文化双创成果展获得的三等奖。荣誉太多了，就不一一展示了。

袁大姐豆瓣酱

在兰陵这片充满底蕴的土地上，每一个角落都可能藏着令人惊叹的文化宝藏。今天，我们跟随《文化兰陵》栏目主持人杨紫的脚步，走进了非物质文化遗产袁大姐豆瓣酱传承人的作坊，与袁春举女士进行了一场深度对话，探寻这一传统美食背后的故事。

袁春举女士热情地接待了我们，当被问及袁大姐豆瓣酱的历史时，她眼中闪烁着自豪的光芒。她介绍说，豆瓣酱作为中国传统发酵食品的典型代表，有着 3000 多年的悠久历史。“有肉就得有酱，用酱炒了才能更香。”而袁大姐豆瓣酱的传承之路也颇为传奇。在袁女士老爷爷那一辈，村里的人以烧窑为生，烧的是缸盆之类的器具。老爷爷在

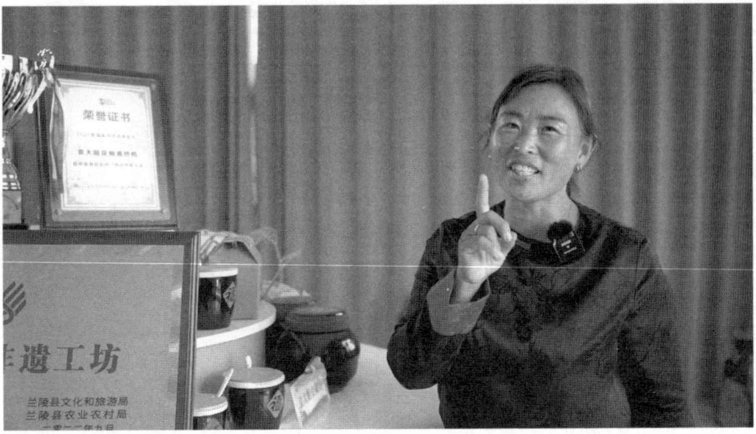

袁春举

外出卖缸盆时，遇到了一位做酱的乡亲，便跟着他学习了豆瓣酱和花椒酱的制作技艺。此后，这门手艺就像接力棒一样，从老爷爷传给爷爷，爷爷传给父亲，再到如今的袁春举女士，她已是第四代传承人，这门手艺传承了二三百年，从未间断。

说起袁大姐豆瓣酱的特色，袁女士兴致勃勃地分享起制作技艺。她严格按照传统手艺，精心讲述了制作的过程。第一步是精挑细选豆子和麦子，每一粒都饱含着对品质的执着。第二步是浸泡清洗，去除杂质，让食材纯净如初。第三步是柴火烧煮，必须用地锅、柴火蒸煮，那跳跃的火苗和腾腾的热气，似乎都在诉说着古老的故事。煮好后要凉透，然后放入发酵室进行恒温发酵，这是为豆瓣酱注入独特风味的关键环节。发酵完成后，将发酵好的酱料放入缸中，进行日晒夜露，这可是最主要的一步，至少需要 365 天，少一天都不行。在这个过程中，每天要早晨掀开缸盖，让酱料充分吸收阳光和空气，晚上再盖上，中间还要不断搅拌，让每一滴酱料都均匀地接受大自然的馈赠。经过漫长的等待，酱香出缸，这时的豆瓣酱就可以用来炒鸡、炒肉，开启一场味蕾的盛宴。袁大姐豆瓣酱纯手工制作，没有添加剂，是老祖宗一辈辈传承下来的味道，让人吃得放心又健康。

袁春举女士在制作袁大姐豆瓣酱方面取得的成就更是令人瞩目。今年，她带着自家的豆瓣酱参加临沂炒鸡大赛，凭借着豆瓣酱独特的风味，什么调味品都不用放，一瓶酱就能代替所有调味品，最终捧回了奖杯。她在山上开的袁大姐花椒酱炒鸡农家院，在临沂炒鸡美食节上被评为特色炒鸡小馆。不仅如此，她的工坊还荣获了兰陵县十大非遗工坊的称号，这可是兰陵县人民政府给予的高度认可。在全国行业职业技能的舞台上，袁女士也大放异彩，获得了全国最佳供应链企业的奖项。在全国职业技能大赛中，她更是凭借精湛的技艺斩获金奖第一名。2022 年，她被评为十佳归雁人才和乡村振兴鸿雁人才，还在省级的非物质文化遗产遗有好物评选中获得三等奖。袁女士还是一位热心的主播，在蔬菜产业博览会上公益助农，荣获公益助农之星的荣誉证书。如今，袁大姐豆瓣酱声名远扬，供不应求，全国各地的老板都慕名而来。

袁女士对未来也有着清晰的规划，她在酱厂附近又承包了几亩地，立志打造兰陵县第一家千缸酱园，让更多老百姓能品尝到袁大姐豆瓣酱。最后，袁女士还现场为我们表演了袁大姐豆瓣酱炒鸡的技艺，只见她动作娴熟，酱料在锅中翻滚，香气四溢，让人垂涎欲滴。

制艾孙建萍

主持人：喜欢《文化兰陵》的朋友们，大家好！我是《文化兰陵》栏目主持人杨紫。今天，我们走进了非物质文化遗产孙氏艾草制艾技艺传承人孙建萍老师的工厂，一同探寻这古老技艺背后的故事与传承。孙老师，您好！孙老师，作为非物质文化遗产孙氏艾草制艾技艺传承人，请您给我们介绍一下孙氏艾草制艾技艺的历史吧。

孙建萍：大家好，我是孙氏艾草传承人孙建萍。艾草在中国有着几千年的养生文化历史，古代就有用艾草制成艾绒来调理患者身体的传统。我小时候，记得二婶子得了痔疮，奶奶就用泥罐子搓上艾绒，让二婶子坐在上面艾灸治痔疮。后来我得了类风湿，奶奶听闻后，用艾叶做成艾

孙建萍（右）

绒，放上姜给我灸腿、灸身体，效果很神奇。我好奇地询问，奶奶说她结婚后，老奶奶教给了她许多艾灸方法。从那以后，我到处求医求学，学习更多艾灸方法，后来开了艾灸馆。为了做出最优质的艾条，我决定自己种植、收割、储存和生产艾草。起初只种了 20 亩，在不断学习和向名医请教的过程中，发现社会对艾灸的认可度越来越高，需求量也越来越大，于是我流转了 300 多亩地，开始大面积种植艾草。其间，我研究古书，发现古人用艾草做枕头，用艾绒做坐垫、颈椎枕等，受此启发，我不断开发产品，一步步走到了今天。

主持人：孙老师，您再跟我们说说，孙氏艾草制艾技艺有什么样的特色，又有多少种产品呢？

孙建萍：孙氏制艾，首先选用的是我们自己种植的艾草，全程不施化肥，只用牛粪、羊粪和鸽子粪这些农家肥。收割艾草必须在端午节前后一个星期，收割后标准储存三年，才打成艾绒、卷成艾条推向市场。我们最好的艾条，全部用端午节头茬艾制作。一般艾草一年收割三次，我们只收割两次，第二茬基本用来做坐垫、小锤子和枕头等。现在我们最受欢迎的产品，一是加热坐垫，用的是三年纯艾绒；还有一款伴手礼，结婚、生孩子喝完喜酒后可作为随手礼，我们取名“真爱一生”，非常受欢迎，后来还增加了小锤子，寓意“一锤定婚姻”。我们现在的产品丰富多样，有小艾绒电褥子，可放在沙发或床上，有大的纯艾草枕头，还有儿童艾草肚兜、婴儿小枕头、暖心宝、足浴包、抱枕等各种各样的枕头，加起来大约有 200 款艾草产品。

主持人：孙老师，您在孙氏艾草制艾技艺方面都取得了哪些成就？给大家聊一聊吧。

孙建萍：前几年我很荣幸被选为兰陵县归雁人才，成为归雁人才后，我走街串巷寻找合适的土地，发现村与村之间、房前屋后有很多荒地长满荒草，无法种庄稼。我想如果种上艾草，既能美化环境、给老百姓带来健康，又能让村民增收。于是我向领导汇报。其间又有幸当选为兰陵县政协委员，这让我责任更重，也更坚定了把荒地种上艾草的想法。在兰陵县政府的领导支持下，我们已经在矿坑、兰陵、新兴、鲁城、磨山等十几个乡镇种植艾草。从无到有，我们发展到现在大约有 6000 平方米的生产基地，厂房租用的是农村闲置房。目前带动了 70 多人创业，很多工人把加工活拿回家做，比如绑小锤子、做新加工和杂加工等。还有一部分装足浴包的工作，主要由 60 岁以上的老人完成，他们装得快的一天能挣一百多，慢的也有五六十块，工作简单。我们的事业得到了政府认可，获得了巾帼建功标兵、爱心捐赠证书、农民工之星、妇联三八红旗手、沂蒙大姐居家创业等荣誉，非常感谢政府的支持。

主持人：各位朋友，孙老师的采访到这里就要结束了。祝孙老师的孙氏艾草制艾技艺工厂越来越红火，孙老师的孙氏艾草制艾技艺更上一层楼。谢谢大家！

苑府食醋

主持人：喜欢《文化兰陵》的朋友们，大家好！我是《文化兰陵》栏目主持人杨紫。今天，我们走进了非物质文化遗产苑府食醋制作技艺传承人苑佃宝老师的工厂，一同探寻这传承 160 年的制醋技艺背后的故事。苑老师，您好！苑老师作为非物质文化遗产苑府食醋制作技艺传承人，您给我们介绍一下苑府食醋制作技艺的历史吧。

苑佃宝：苑府食醋已经有 160 年的制作历程了，从我老爷爷那一辈就开始做醋，当时大家都叫它苑府苑家醋。我爷爷做醋的时候，主要靠走巷串户，挑着担子、罐子去售卖，那时还会敲着小梆子，“梆梆梆”的，人们听到梆子声就知道卖醋的来了。到了我父亲那时候，就用上小推车在生产队里卖醋、为生产队生产醋。改革开放以后，父亲换成三轮售卖，在市集上摆摊，或者走巷串户。随着父亲年纪越来越大，制作食醋这活儿，既是技术活，又是体力活，很辛苦，他渐渐力不从心。我当时就想，要是我再不接手，我们家传承100多年的制作技术可能就失传了，大家也吃不到这么好的纯粮酿造的食醋。所以，我毅然决然地在2000年成立了临沂苑府食品有限公司，想发扬咱们的手工工艺制作技术，让大家能吃上放心的纯粮酿造食醋，回味儿时的味道。从2000年开始做醋，我在原来技术的基础上，对设备进行了一些革新，减少了体力劳动，提高了产量，而且设备更利于清洗，也更卫生。其实，我从七八岁就开始力所能及地帮家里做醋相关的劳动，从烧火煮粮，到长大些每天下午放学帮家里翻坯、发酵、制曲，各个环节都参与，耳濡目染就学会了做醋。

主持人：苑老师，您再跟我们说说苑府食醋制作技艺有什么样的特色，有多少种品种？

苑佃宝：苑府香醋沿用传统的酿造工艺，传统酿造工艺分为蒸、酵、陈、淋、陈。山西陈醋是蒸、酵、熏、淋、陈，我们不熏醋，因为每个地方有每个地方的特色。我们会进行长达三个月的汁化过程，这就是我们家醋的特色所在。因为陈化时间周期长，形成的氨基酸、乳酸等营养物质和鲜香物质更加浓郁、数量更多样化，使得咱们的醋鲜香醇厚，很适合炒菜、凉拌、蘸料。我们家醋最大的区别在于固态发酵和长达三个月的入缸汁化。现在市面上很多醋是液态发酵，发酵周期短，形成的各种营养物质较少。而固态发酵，像我们家醋坯陈放长达三个月，在这个过程中，氨基酸的形成主要来源于醋酸菌和自然界的各种微生物，是比较天然的形成过程，对人体有益，人体所需的氨基酸、乳酸含量较多。我们家醋的氨基酸含量达到十几种，乳酸也有好几种。大家现在看到身后的这个环节，就是固态发酵过程中的翻坯过程，翻坯有很多讲究，要把中间向两边翻，两边向中间翻，让温度均匀，使醋坯充分与空气混合，有利于醋酸菌生长，还要注意上下层的更替。我们家的醋发酵周期长，形成的氨基酸、乳酸含量高，所以不用添加各种添加剂就能达到香味融合。同时，我们家的醋经过循环炼制法炼制，酸度能达到六度，在国家标准中，达到六度的醋就可以长期存放，不用添加防腐剂，因为我们家的醋本身就有杀菌、防腐的效果，所以是无添加剂、无防腐剂的。目前我们主要专注于这种传统工艺的香醋制作，以保证品质和特色。

苑府食醋制作技艺传承人苑佃宝（左）

主持人：苑老师，您在苑府食醋制作方面都取得了哪些成就，给大家聊一聊吧。

苑佃宝：自苑府食醋成立以来，生产规模越来越大，需求也越来越多，我和家人已经无法满足生产需要，就在醋场周边招募了一些身体较好的人来生产，每个月能给他们 3000 ～ 5000 元的工资，解决了他们的生活负担。我们做醋用的是红高粱，与农户合作，提前让农户种植高粱，我们负责收购，收购价格比市场高 1 毛钱，还收购高粱壳做醋，这样能让农户每亩地多收入 300 ～ 500 元钱。因为我们醋厂能带动周边群众增收，政府对我们大力支持，也给了很多荣誉。我被授予苍山县鸿雁人才，后来又被评为市鸿雁人才，我们家的醋在临沂市参加展销，还被评为“遗有好物”。

主持人：各位朋友，苑老师的采访到这里就要结束了。祝苑老师的苑府食醋制作工厂越来越红火，苑老师的苑府食醋制作技艺更上一层楼。谢谢大家！

过门笺

主持人：喜欢《文化兰陵》的朋友们，大家好！我是《文化兰陵》栏目主持人杨紫。今天，我们满怀期待地走进非物质文化遗产长城过门笺制作技艺传承人李玉墨老师的工作室，一同揭开长城过门笺制作技艺的神秘面纱，探寻这门古老技艺背后的历史与文化。李老师，您好！作为非物质文化遗产长城过门笺制作技艺传承人，您给我们介绍一下长城过门笺制作技艺的历史吧。

李玉墨：咱们先从这“一片红”说起。它起源于洪武年间，当时从陕西大槐树迁到山东定居的一批人，把他们那边的老手艺带到了山东，这就是长城过门笺制作技艺的开端。一开始，由于技艺和各方面条件的限制，只能制作出五张颜色一样的门笺，也就是“一片红”。随着时间的推移，人民智慧不断提升，审美能力也日益提高，便衍生出了套色工艺。套色门笺是在一张纸上呈现出五种颜色，分别是大红、二绿、青蓝、紫、黄，寓意“五福落地”，饱含着象征和祝福意义。发展到现在，在纸张的选择上也有了变化。以前常用的蜡光纸已经停产，如今普遍使用红色宣纸来制作门笺，不仅颜色更加绚丽，保存时间也更长。

主持人：李老师，您再跟我们说说，长城过门笺制作技艺有什么样的特色，又有多少种品种呢？

李玉墨：咱们兰陵特色门笺，起初就叫门笺，兰陵人都亲切地称它为“过门钱子”。之所以叫这个名字，是因为过年挂在门上，寓意着过门钱，钱落在地上都是财富，有着很美好的祝福含义。它的特色也是在发展过程中不断丰富起来的。从最初的“一片红”，到后来的五色纸，象征着“五福落地”，也就有了“大红二绿黄中间青蓝紫”的说法。再后来，随着审美能力的进一步提升，民间出现了套色剪纸，它融合了“非遗”剪纸的元素，再叠加民间独有的制作特点，还出现了“唐字之说”，最终形成了咱们独具一格的门笺制作风格。

家人们，我们来看这幅，这是妇联定制的具有传统意义的“一片红”门笺。它的创作灵感来源于妇联大厅里的“闺阃乃圣贤所出之地，母教为天下太平之源”，我们以

过门笺制作技艺传承人李玉墨

“家和万事兴”为题材，融入好丈夫、好媳妇、好儿媳、好公婆、好妈妈等元素，创作出了这幅作品。再看上面这幅，是具有现代套色特点的五色门笺，它以兰陵的地标为主体，有大蒜塔、博物馆、荀子讲学、李白醉酒以及文化广场等元素，展现了兰陵独具特色的风貌。

接着看这一幅，是兰陵县交通局定制的民间作品，以“奉献保平安”为主题。画面中有道路拐弯处、限速标识、红绿灯，还有交通局工作人员检查安全带、酒驾，以及人们过马路的场景，体现了交通安全相关的元素，下方还融入了“年年有余”“平安才能富贵”的寓意，是非常有代表性的以交通安全为主题的一套门笺。

再看下面这一幅，有蜻蜓、鸳鸯，还有“公正”字样，这是县纪委定制的清正廉洁主题门笺。它体现了荀子文化中的“隆礼重法”，以公平公正、清正廉洁为元素，用门笺的形式展现出兰陵在法治和文化方面的追求。

主持人：李老师，您在制作长城过门笺制作技艺方面都取得了哪些成就，给大家聊一聊吧。

李玉墨：我真的非常热爱门笺制作，这些年，也参加了一些比赛，获得了一些小小的奖励，对我来说这是很大的鼓励。最值得一提的是，在助残方面，我们“非遗”传承人贡献了自己的一份爱心。我捐献了几幅作品，还捐赠了资金和两车物资，价值将近 2 万块钱，这是我们为公益事业做的一点微薄贡献，也因此获得了临沂市给予的荣誉。另外，在兰陵县组织的十佳文创产品评选中，我以“大国风度”为主题制作的作品获得了最佳荣誉奖；在 2019 年临沂市非物质文化遗产月的第二届沂蒙乡音乡韵活动中获得优秀奖；建党百年之际，在“千秋伟业 百年风华”的红色非遗展演中，我的作品“十谢共产党”获得临沂市一等奖；在山东省举办的沂蒙情全国剪纸比赛中，以革命题材、展现沂蒙伟大抗战精神的作品《红日》获得优秀奖。

主持人：各位朋友，李老师的采访到这里就要结束了。祝李老师的长城过门笺制作技艺更上一层楼！谢谢大家！

第五章

兰陵文化大家谈

采访左耀国老师

主持人：各位观众大家好，我是《文化兰陵》节目主持人杨紫，今天我们请到了兰陵籍雕塑大家左耀国老师。左老师是中国雕塑家协会会员，山东省雕塑协会常务理事，是享誉海内外的雕塑大师，他的作品多次获得大奖。今天，我们来到了左老师的雕塑工作室参观，听左老师讲创作和成长的故事。

左老师，您是兰陵走出的雕塑大家，请您为大家普及一下关于雕塑的常识，谈谈您的雕塑艺术风格。

左老师：雕塑作为美术领域中的一个独特分支，相较于绘画而言，更侧重于体力的投入。当艺术家在美术基础上深耕细作，绘画技艺日益精湛后，转向雕塑创作，便实现了从平面到立体的艺术跨越。立体的雕塑作品以其强烈的视觉冲击力，往往能给观众留下更为深刻的印象，其立体形态与分量感赋予了作品独特的魅力。无论是高大雄伟、壮观震撼，还是优雅精致，雕塑都能以其独特的形式语言将之生动呈现。

谈及雕塑的具体风格，可谓多姿多彩：有的粗犷豪放，有的细腻温婉，有的飘逸灵动，有的则倾向于写实或抽象。在材料选择上，石雕、木雕、铜雕等各具特色，石头的质朴、铜的沉稳、玻璃钢的现代感，都为雕塑作品增添了丰富的质感。在沂蒙山区，以往多见以石头为材质的作品，而室内雕塑则更多采用铜和玻璃钢等材料。

从风格角度来看，石雕、木雕、铜雕等各有千秋，既有现实主义的细腻描绘，也有抽象艺术的自由挥洒；既有粗犷不羁的豪迈，也有细腻入微的精致；既有飘逸出尘的仙气，也有优雅内敛的文化韵味。革命题材的作品往往采用雄壮粗犷的风格，以彰显革命精神的崇高与伟大；而古代人物雕塑则更倾向于飘逸灵动，以展现古代文化的深邃与韵味。

在我个人的艺术探索中，我更多地运用了写实手法，而对于抽象风格的尝试则相对较少。或许是因为当我开始

雕塑家左耀国与雕塑群

接触抽象风格时，年龄已稍长，更倾向于运用自己擅长的写实功夫进行创作。

主持人：各位观众，我们现在来到了蒙阴县孟良崮战役纪念园，左老师在这里制作了大型雕塑，“沂蒙情雕塑园”，请左老师给大家讲一讲这里的故事。

左老师：这是我们沂蒙山革命根据地的一个全面展现，一组生动的雕塑群。正是这辆小推车，承载着中国革命的历史重任，见证了沂蒙山与淮海战役的辉煌岁月，成为沂蒙山不可磨灭的标志性符号。在纪念园中，一系列发生在沂蒙山的革命故事被巧妙地融合于一体。其中一组雕塑，生动再现了刘小朴、刘一梦等先驱在沂蒙山区发展革命组织、传播共产党成立历程及早期动员民众认识革命真理的动人场景。昏黄的灯光下，土炕前的小桌旁，男女老少围坐一堂，聚精会神地聆听革命真理的宣讲，场面庄重而感人。

在沂蒙山区革命战争年代的初期，这里爆发了多次革命暴动，其中龙溪谷暴动便是其中的典型代表。此外，兰陵县的苍山暴动、沂水暴动等也一并被铭记。这些暴动，正是农民群众在听闻共产党的革命真理后，毅然决然地反抗反动统治、剥削压迫的英勇壮举。他们纷纷组织起来，投身于民主革命的洪流之中。

在那个年代，文化学习与民主选举成为推动社会进步的重要力量。村民们通过选举产生了自己的领导者，无论是村长还是其他村务管理者，都是通过投票选举产生的。就连老人、妇女也都积极响应号召，参与到这一民主进程中来。这不仅是对民主精神的具体体现，更是那个特定时代背景下的一种典型风貌。

泥腿子变成了雕塑家

主持人：各位观众，左老师对隆礼高中情有独钟，为学校雕塑了荀子像，兰陵圣坛荀子授徒群像。请左老师给大家分享一下与隆礼的情缘。

左老师：隆礼中学无疑是鲁南地区一颗璀璨的明珠，以其卓越非凡的教育成就脱颖而出。尤其令人动容的是杨校长的办学理念和匠人精神，它们深深触动了我，使我对这所学校怀有深厚的情感。因此，我特意为该校创作了荀子的雕像。荀子，作为鲁南地区儒家学派的殿堂级人物，他的影响力跨越时空，对鲁南乃至中国的文化思想、教育思想均产生了深远影响。他的学生们在推动社会进步与发展方面，更是发挥了举足轻重的作用，其贡献不胜枚举。

在制作这一雕像时，我深思熟虑。荀子不仅是一位历史人物，他的办学理念、教学思想以及教育成就均被我纳入考量。我试图通过雕像展现他从历史深处走来，跨越两千年的时光，将他的教学智慧与现代相连。我思考着荀子的办学理念、教育方法以及他的人格魅力如何激励学生们改造社会，以及这些对现代教育有何启示。我的创作理念是从虚幻到具象，从古代迈向现代，从过往通向未来。兰陵这片土地上的教育思想，无疑深受荀子之影响。在构思这一项目时，我意识到荀子是一位平易近人的思想家，他的学生们在秦汉时期发挥了举足轻重的作用。其中，法家代表人物李斯，不仅在理论上有所建树，更在实践中助力秦始皇统一六国，为中华民族大家庭的形成奠定了基础。尽管后人对荀子的某些观点存在争议，认为他有些绝对化，但我们仍应汲取他思想中对社会有益的精华。荀子为我们提供了宝贵的启示，值得我们深入研究和总结。

雕塑家左耀国

主持人：各位观众，我们来到了左老师的家乡，兰陵县苍山街道盘石沟村宝岱河边，这条流向东泇河的小河，承载了左老师美好的童年青春。请左老师给大家说说小时候的故事。

左老师：这个地方，位于河流的东侧，曾是我儿时就读的小学，那时它被称为磐石沟完小。我依稀记得，大概在我七八岁的光景，学校里举办了一场由某个单位组织的教育展览——阶级教育展览。操场上挂满了挂图，环绕成一圈，生动地描绘了赵镈烈士的英勇事迹、银厂惨案的悲壮，以及临沂华东烈士陵园的庄严景象。那些画作在我幼小的心灵中留下了深刻的烙印，它们色彩鲜明，形象鲜活，即便如今看来或许技艺平平，但在当时的我眼中，却是无与伦比的杰作。这次展览成为我艺术之路的启蒙，激发了我对绘画的无限向往。我暗自憧憬，若能亲手创作出如此动人的画面，那该是多么美妙的事情。如今想来，这或许正是我投身于美术事业的最初契机。自那以后，无论是绘画、艺术创作，还是后来的雕塑工作，这一路的成长与转变，其根源都深植于童年的那段经历。无论是取得的成就，还是所从事的工作，都是童年时期那颗种子逐渐发芽、茁壮成长，最终绽放光芒的结果。

主持人：兰陵文化大家谈，推动文化兰陵大发展，祝左老师雕塑技艺炉火纯青，雕塑艺术辉煌灿烂，我们为左老师取得的成绩无比自豪，感谢左耀国老师的精彩分享。

陈印政对兰陵学子的寄语

主持人：陈博士您好，您是在兰陵文化的浸润中不断成长的，您对兰陵学子有什么建议？

陈印政：尊敬的父老乡亲，以及满怀激情的年轻学子们，我本人有幸生于兰陵县新兴镇的新兴村，可谓地道的农家子弟。求学之路，我的经历或许与大家多有共鸣。启蒙之始，是在我们温馨的新兴小学，随后步入新兴中学的大门。再往后，我有幸踏入山东师范大学的殿堂，凭借着不懈的个人奋斗，最终迈进了中国科学院的神圣学府。在那里，我历经硕士、博士乃至博士后的深造，直至毕业后，有幸留校执教，继续我的学术旅程。

在我童年的悠悠岁月里，父亲总是巧妙地援引兰陵丰富的劝学典故与文化精粹，对我进行耐心细致的引导与润物无声的教诲。在我真正步入校园殿堂之前，他已轻柔地在我耳畔铺陈开家乡匡衡凿壁偷光的传奇篇章，正是兰陵文化这份独有的韵味与魅力，深深攫取了我幼小心灵的目光。与此同时，父亲还时常以家乡那些激励人心的成长故事为镜，照亮我前行的道路，诸如向城中学数位卓越教师的不凡事迹，以及新兴镇小寨子村刘宗永博士那令人叹为观止的成长轨迹，这些故事如同一串串璀璨的明珠，深深地烙印在我的心灵深处。

刘宗永博士，一位地地道道的新兴镇小寨子村人，他的双亲皆是目不识丁的农民，用兰陵的俚语形容便是“睁眼一抹黑”。然而，正是他对兰陵文化的深刻领悟，以及兰陵人特有的吃苦耐劳精神，不断激励着他前行。他凭借个人的不懈努力与执着追求，最终在北京大学攻读了博士学位。由于刘宗永博士的老家与我母亲的老家毗邻，因此，母亲在我童年时期，时常以刘宗永博士的励志故事鞭策我，告诉我只要不懈努力，未来定将光明可期。

在这种崇高精神的激励与鞭策之下，我日渐体悟到兰陵人那份坚忍不拔、勇于直面挑战的鲜明性格。他们吃苦耐劳、无惧艰难的精神风貌，成了我学习与成长征途上不可或缺的强劲动力源泉。无论面对何种艰难险阻，我都将坚守这份执着与毅力，咬紧牙关，矢志不渝地奋勇前行。这恰恰是对兰陵人吃苦耐劳性格特质最生动的诠释与展现。

再者，我个人认为，兰陵文化在个人成长中给予了我重要帮助，它启示我明确了自己的人生目标。兰陵文化强调劝学与向善的精神，如荀子的《劝学》篇深入人心，它阐释了人生的意义和目标。人生的最终目的，是找到自己努力的方向。因此，在不断学习的过程中，我首先明确了自己最终的人生目的和意义，即致力于为家乡兰陵做出贡献。

经由对兰陵文化的深刻研习与领悟，我明晰了个人的奋斗路径：致力于以己之力，将所学回馈于兰陵，推动其文化的传承与弘扬。这一志向如同灯塔，引领我持续学习、不懈奋斗，并收获了些许微末的成果。诸如，我曾有幸担任《中国工程师学会会刊工程整理汇编》的主编工作，该系列共计 27 卷；同时，我还整理了中国工程师学会的会刊，总计 23 卷。此外，我还投身古代科技典籍的集成事业，参与了约 50 卷的编纂。迄今为止，我所参与出版的书籍已近百卷册。这些成就不仅是对我奋斗方向的认可，更是我为兰陵文化传承与传播所尽的一份绵薄之力。

我之所以能取得如今的成就，实则深受兰陵文化的熏陶，尤其是荀子劝学文化的激励，以及颜氏家训的深刻指引，这三者与我密不可分。颜氏家训教导我，个人的成长离不开孝道、善行与不懈的勤奋努力。在这样的文化浸润下，我得以明确自己的人生方向。唯有凭借个人的不懈努力，我方能实现自己的人生目标，脚踏实地，一步步稳健前行。

因此，若以我个人成长为例，我愿赠予青少年朋友一句话：务必寻觅到属于自己的人生航向，这将为你的人生旅途树立一座璀璨的灯塔。它将照亮你前行的道路，指明方向的重要性，往往超越了个人努力的本身。倘若你的奋斗缺乏明确的方向，或许会感到身心俱疲，即便倾尽所有，最终收获的也可能寥寥无几。然而，一旦你确定了方向，明晰了勤奋学习与努力的标的，便能领悟努力的真谛，让兴趣与汗水成为引领你成长与进步的明灯。尤其对于兰陵的青年才俊而言，更应深受兰陵文化的熏陶，积极学习并传播这份宝贵的文化遗产。因为兰陵文化不仅能为你的精神世界提供坚实的支撑，促使心灵得以升华，更能助你精准定位个人的奋斗目标与人生方向。唯有如此，你方能明晰努力的意义所在，发现学习的乐趣，进而乐在其中，享受学习带来的喜悦与成就。

陈印政谈兰陵文化

主持人：陈博士你好，你是怎样理解兰陵文化的？

陈印政：各位兰陵的父老乡亲大家好，我是咱们土生土长的兰陵人，我姓陈，叫陈印政，我家在咱们新兴镇新兴村，非常高兴能和兰陵的父老乡亲们通过这种形式进行交流。对于兰陵文化，我个人的理解，第一，兰陵有着非常浓厚的劝学文化，这个“劝学”文化，有几个比较重要的代表性人物，第一个是大家都知道的荀子，荀子的《劝学》篇在兰陵创作完成，他的这种青出于蓝而胜于蓝的底蕴，曾经影响了一代又一代的兰陵人。在荀子劝学之后，我们这个地方又有了第二位比较重要的劝学的代表人物，是匡衡，他“凿壁偷光”的故事，可以说在我们这个地方是家喻户晓，不管是老人还是孩子，对这个故事都非常了解，非常熟悉，这也是我们兰陵文化的一个代表。在这之后，我们这个地方又产生了兰陵的颜氏家训，这种劝学的文化和向善的文化，通过家训的这种形式，一代一代地影响更多的孩子，让他们更加茁壮地成长。所有的这一切，塑造了我们这个地方这种向学向善的文化底蕴。兰陵人重情重义，与我们这个地方的这种文化底蕴的熏陶，是密不可分的。我们作为新时代的兰陵人，有义务有责任把它更好地传播、发扬下去。

主持人与陈印政博士

第二，我个人的理解，兰陵文化的一个代表性的符号，是兰陵对中国近代制度的贡献，叫制度文化。为什么这么说，我们大家都知道，在文峰山上有季文子的墓，季文子曾经在兰陵这个地方推行初税亩，这也是中国历史上第一次农村税费制度的改革。这在中国的这种文化底蕴上，是具有象征性意义的。除了季文子之外，在我们兰陵这个地方，还有许许多多的为中国的制度发展产生过重要影响的代表性人物。咱们再举一个简单的例子，比如说荀子，他在兰陵有几个重要的学生，其中比较有代表性的就是李斯，他曾经向秦始皇嬴政建议在全国实行郡县制度的改革。我们说秦始皇推广郡县制度，但很多人不知道的是，在秦始皇推广郡县制度之前，兰陵已经实行了这种郡县的制度。我们一直在地方上宣传的是，兰陵是华夏千年古县，因为兰陵实行郡县制度，要比秦始皇在全国推广郡县制度早一段时间。因为有了兰陵的这种制度的试点和推广，李斯知道了这种制度对于整个国家的发展是非常具有借鉴意义，也非常具有促进作用的。所以在这种情况下，他向秦始皇建议，在全国推行了郡县制度。这是我觉得作为一个兰陵人，值得我们骄傲的地方。

兰陵文化的第三个代表性的符号，我个人理解是兰陵的红色文化，现在无论是在咱们沂蒙山区，还是在山东省乃至全国都在一直学习的沂蒙精神，它的根是在兰陵。现在我们所重点宣传推广的沂蒙精神，可能大家都理解成是在解放战争时期，实际在抗日战争时期，在兰陵已经有了非常深厚的沂蒙精神的起源。举几个简单的例子，红色文化的这个沂蒙精神的起点，是罗荣桓带领一一五师进入抱犊崮地区。这里大家可以思考一个问题，就是罗荣桓为什么要带领着一一五师来到抱犊崮地区。因为在一一五师来抱犊崮地区之前，在中共苏鲁豫皖边区特委的带领之下，我们这个地方已经建立了党组织，而且成立了抗日队伍，叫苏鲁人民抗日义勇军，后来改成苏鲁人民抗日义勇队。八路军一一五师来到了抱犊崮地区，发展成了这个抱犊崮抗日根据地，后来这个抱犊崮抗日根据地在整个中国的抗日战争史上，留下了可圈可点的一幕。我们大家现在耳熟能详的八路军鲁南军区副司令员万春圃，也是咱们土生土长的兰陵人，他家是咱们大炉人。从这个基础上，我们已经有了这种比较好的沂蒙精神的积淀。然后在解放战争时期，我们一直说陈毅元帅有一句非常著名的话叫：淮海战役的胜利是山东人民用小车推出来的。这个事情实际上它背后的这种基础，群众的基础，是鲁南战役时期开始在整个鲁南地区实行的。咱们兰陵曾经是鲁南战役的主战场，鲁南战役之前，我们整个的山东解放区，一共动员了60万的老百姓参战，当时的正规部队，作战部队只有七八万人，但是老百姓一共有60多万人，组织60多万老百姓，要比组织七八万人的部队难。大家可以想象一下难度。但是在这种情况下，这里有60多万的老百姓，舍弃了他们自己家里的幸福生活，走上了战场。甚至有很多的人，把生命都牺牲在了这个战场上，这说明什么，大家可以想，当时的老百姓为什么愿意跟着共产党走。那么在鲁南战役期间，在咱们这个地方，我们一共缴获了国民党的第一快速纵队的几百辆的汽车、榴弹炮和坦克，因为缴获的武器实在是太多了，所以就用缴获的这些武器，在成立华东野战军的时候，成立了中国的第一支特种兵纵队，所以这也是值得我们兰陵人自豪的一个地方。就是中国的第一支特种兵纵队，它的武器的基础，它的这个部队创建的基础是从我们兰陵作为起点的。还有不为咱们广大的父老乡亲所知的一个地方，就是现在我们大家都知道中国最精锐的部队，是在朱日和的中国第一蓝军旅，朱日和的中国第一蓝军旅第一营第一连和第二连的起源都是在咱们鲁南地区，而且第二连叫塔山战斗模范连，它的命名就是在鲁南战役期间，这个也是值得我们大书特书的地方。

在鲁南战役期间，现在我们有据可查的命名的优秀的这种连队、优秀的荣誉集体，一共有 20 多个，这是 20 多个荣誉的集体。在 2019 年天安门阅兵的时候，有 100 面光荣的战旗通过了天安门广场，其中有 4 面参加了咱们家乡的鲁南战役。这个也可以说是我们兰陵的文化当中，一个非常值得大家骄傲和自豪的地方。

刚才我所说的三个方面，是我个人所理解的对于咱们兰陵文化的一点粗浅的认识，但这三个方面呢，我想也构成了我们博大精深的兰陵文化，从一个侧面能看出兰陵文化的博大精深。既然兰陵的文化是博大精深的，那么作为我们兰陵人，我们有责任有义务把这种文化宣传好、推广好，让更多的人了解学习传承兰陵文化。那么，我也祝愿咱们兰陵文化能够越做越好，咱们大家共同努力，把兰陵文化传播好、发扬好、继承好、宣传好。

玫瑰姐徐艳玲的故事

主持人：热爱《文化兰陵》的朋友们大家好，我是《文化兰陵》栏目主持人杨紫，今天我们来到了人称“玫瑰姐”徐艳玲的玫瑰种植基地，来采访一下徐艳玲。她是我县2022年归雁人才，2023年乡村振兴鸿雁人才十佳鸿雁，兰陵县巾帼建功标兵。艳玲姐，请您跟朋友们聊一聊，您是基于一种什么样的想法返乡回来种玫瑰的。

徐艳玲：2014年12月，我看到一份强调农业必须强盛、农民必须富裕、农村必须美丽的政策文件，深受鼓舞，毅然决定搭乘这股政策的东风，返乡创业。起初，我的决定遭遇了家人的强烈反对，尤其是我要放弃一份在北京相对优渥的白领工作。然而，经过不懈的沟通与努力，我最终赢得了家人的理解和支持，并着手开始种植食用玫瑰。在深入调研、细致分析与实地考察后，我惊讶地发现食用玫瑰的种植用途极为广泛。而当时，在我们兰陵县，这一市场尚处于空白状态。于是，我与家人商议后，在村里流转了 10 亩土地，首批种植了 3000 株玫瑰。随着种植的推进，我们成立了玫瑰种植基地，并在镇政府的鼎力支持下，采取了“基地 + 公司”的运营模式。2022 年 3 月，我创立了“五月玫语”这一品牌。在品牌的发展历程中，我们面临了诸多挑战，但我始终坚持不懈，努力克服。最终，我们的产品有幸成为第九届外交官烹饪大赛的唯一指定玫瑰赞助产品。这一成就让我深刻体会到，只要坚持不懈，终将收获满满。

主持人：艳玲姐，请您再给朋友们谈一谈创业成功的经验。

徐艳玲：在我的种植实践中，我采用了套种模式，以科学严谨的态度，精心规划株距与行距，实现合理密植。此外，在作物种植策略上，我巧妙地引入了双重收益的理念。鉴于玫瑰花的株距与行距相对宽敞，我充分利用这一空间优势，在玫瑰丛中套种了多样作物，如大豆、红衣花生以及五彩土豆等，这些举措构成了我提升经济效益、实

徐艳玲（左）

现双丰收的独特种植模式。种植过程中，我的产品线日益丰富，赢得了越来越多消费者的青睐。我还致力于研发新品，比如将兰陵县特色的苍山大蒜与玫瑰鲜花巧妙结合，创新推出了玫瑰养生糖醋蒜；还有亲手研制的玫瑰鲜花粽子，以及全手工揉制的玫瑰花酱。这一系列举措，不仅丰富了基地的产品种类，更融入了创新的元素。随着这些努力的持续，公司逐渐步入了稳健发展的轨道。如今，每亩地的产量与销量收益均相当可观，已达到万元水平。

主持人：艳玲姐，您创业成功，都取得了哪些经济效益和社会效益？

徐艳玲：在整个创业过程中，有句话叫“一花独放不是春，百花齐放春满园”，像我在创业过程中，周边的农户，看到这个玫瑰有了效益之后，纷纷加入种植的行列，同时他们种植玫瑰，我来回收并统一销售，在整个种植和加工过程中，周边的妇女群众能吸纳进来，有一份收入。她们在这个工作当中，比如说早晨来摘花，摘花之后不影响她接送孩子，就是说自己在种植过程中，同时也能带领周边的群众，来增加一些收益。像周边的妇女群众，她们在这个过程中，也能找到自己的一份事业。所以说在这个创业过程中，希望在未来这个行业，我们能带领更多的群众来一起共同致富，共同把这个玫瑰的产业发展下去。

主持人：艳玲姐，您今后还有什么打算？

徐艳玲：在整个创业过程中，非常感谢兰陵县政府的支持。还有各方面的一些培训，首先我在这个培训过程中，不断地学习，收获了很多经验，在学习当中，参加了多期的像乡村妇女致富人的培训，新农人的培训，还有电商的培训。因为在未来的发展过程中，就是我们所有人的这个销售，都是电商平台与线下结合，是离不开电商平台的，像现在的抖音、微信、视频号这些啊，我们也都在做，把产品形成一个产业链。所以说，我们在未来的发展中，想继续扩展扩大种植规模，形成一个系统化的产业链，把产品线上线下结合，同时在创业过程中，能吸纳带动更多周边的姐妹，还有群众就业。在就业过程中，他们也能得到双向的收益，为我们的乡村振兴，共同增砖添瓦。

主持人：朋友们，玫瑰姐徐艳玲的采访到这里就要结束了，我们祝愿玫瑰姐的玫瑰产业做大做强，她的玫瑰梦早日实现。

酒厂人谈酒文化

主持人： 热爱《文化兰陵》的朋友们大家好，我是《文化兰陵》栏目的主持人韩刚。打开《千古之谜》这本书第 339 页，上面记载了唐朝大诗人李白与酒的一则千古之谜，李白给我们兰陵酒写过一首“兰陵美酒郁金香”的古诗。今天就来到了人称天下第一酒都的兰陵镇驻地，来兰陵美酒厂采访。兰陵酒厂刚刚荣获临沂市优秀工坊称号，带着喜讯我们一起走进酒厂。贾老师，您好，坊间流传着这样一句话，“先有兰陵酒，再有酒文化”，可见咱们兰陵酒的历史悠久，您就给朋友们聊一聊兰陵酒的历史。

讲解人： 在 1995 年，徐州狮子山西汉楚王墓中出土了三坛兰陵美酒，上面刻有“兰陵丞印”和“兰陵之印”，我们打开这个酒坛的时候，它是有酒香溢出的，当时喝过我们兰陵美酒的人说，“对，这就是我们的兰陵美酒”。那由此可以看出我们的兰陵美酒，可以追溯到3000多年以前的春秋时期了。在战国时期，荀子两任兰陵令，他的青出于蓝而胜于蓝，冰水为之而寒于水的推陈出新思想使我们兰陵的造酒业达到了一个巅峰。再到南北朝时期，北齐神将高长恭曾率500军骑大破北周10万大军，班师回朝后，北齐皇帝用兰陵美酒犒赏三军，并用兰陵二字来加赏高长恭，因此兰陵王成为勇敢智慧胜利的象征。所以说，以上就是我们大家口中说的“先有兰陵酒，后有酒文明”的一个历史过程。

主持人：蒋老师，请您再给大家谈一谈兰陵酒的制作工艺。

讲解人：我们兰陵酒的制造工艺，采用的是一个五粮的混蒸和一个双轮底的制造，我们的五粮呢采用的是高粱、大米、小麦、玉米和糯米五种原料混合而成，加入我们的稻壳酒坯，相互掺满之后，就放在我们传统的老五甑的甑锅之中进行蒸酒。我们整个出酒的过程，是10多分钟，我们采用的是一个掐酒头、去酒尾的过程，更大地保证了我们给消费者的优质酒。我们双轮底工艺，顾名思义，就是在传统的发酵时间上增加一倍的发酵时间。传统的窖底亩糟发酵时间呢，是 60 天，而我们双轮底则是 120 天。经过两个轮次的发酵，会使酒从色香味多个层次达到一个浓香型复合典型的风味。一会儿呢，带大家去看一下我们的发酵池，真真切切地去感受一下我们传统的蒸酒和发酵。

主持人：蒋老师，近几年来，我们兰陵酒厂取得了哪些成就，以及创造了哪些经济效益和社会效益?

讲解人：我们现在看到的这个奖项，就是我们在 1915 年，美国巴拿马万国博览会上所荣获的金质奖章，这也说明了我们的兰陵美酒在国际上也有一定的影响力。第一点，我们兰陵美酒在做好企业的同时，也不忘向社会贡献出自己的一份力量。近年来，在社会上进行广泛的招聘，提供了一个大量的就业机会和岗位。第二点，我们兰陵美酒凭借着深厚的文化历史底蕴，赢得了广大消费者的喜爱和认可，那我们更应该传承好这一历史文化，把我们的酒文化传播到世界各地，为我们的中国白酒行业献出一份自己的力量。第三点，我们兰陵美酒凭借着自身强大的科研力量，实现了资源再利用的模式，减少了资源的浪费以及污染，实现了我们绿水青山就是金山银山的国家号召。

主持人：朋友们，这期的采访到这里就结束了，我们祝愿兰陵酒产业做大做强，为兰陵人民再做新贡献。

英雄戴如义回家

热爱《文化兰陵》的朋友们，大家好！我是主持人郭斌。今天，我要为大家讲述一段波澜壮阔、震撼人心的英雄往事。这段故事，源自七年级下册初中语文课本里大作家魏巍的经典之作——《谁是最可爱的人》。这篇文章生动再现了抗美援朝时期的一段热血篇章，而故事的主人公，正是我们引以为傲的兰陵骄子——戴如义。

那是 2024 年 6 月 17 日的清晨，一个看似再平常不过的日子。突然，我的手机铃声骤然响起，打破了这份宁静。电话那头，朋友的话语如同一颗重磅炸弹，瞬间点燃了我内心的激动："《谁是最可爱的人》里松骨峰战役的指挥连连长，竟然是咱们兰陵人！"那一刻，激动的情绪如汹涌的潮水，让我全身止不住地颤抖。那一天，吃饭时饭菜味同嚼蜡，毫无滋味，而当晚，我更是辗转反侧，彻夜难眠。怎能不让人感到骄傲与自豪？我骄傲，我是兰陵人，因为我们兰陵拥有戴如义这样顶天立地的大英雄！

现在，让我们一同走进精心编辑剪辑的小视频，去直观感受那场惊心动魄的松骨峰战役。在视频中，三连的战士们如猛虎下山，无畏地向敌人冲锋。而其中，那位身姿挺拔、眼神坚毅的，正是戴如义。彼时，他担任着第三十八军一一二师三三五团一营三连连长，肩负着松骨峰战役最高指挥员的重任。再切换到另一段视频，画面中枪林弹雨、硝烟弥漫，真切地展现出松骨峰战役的惨烈与悲壮。

英勇的三连战士们凭借着钢铁般的意志和无畏的勇气，最终赢得了这场艰苦卓绝的战役。战役结束后，志愿军领导机关为表彰三连的卓越战功，授予他们“攻守兼备”的锦旗一面，并记集体特等功。第三十八军也授予该连“英雄部队”的光荣称号，而第三十八军更是凭借此役的杰出表现，被盛赞为“万岁军”。这一连串的荣誉，是对战士们浴血奋战的最好褒奖，更是那段热血历史的光辉见证！

接下来，让我们通过一段视频，深入了解《谁是最可爱的人》这篇经典报告文学的诞生历程。究竟谁是最可爱的人？答案不言而喻，是那些在战场上抛头颅、洒热血的中国人民志愿军战士，我们的兰陵英雄戴如义也是其中一员！戴如义，出生于山东省兰陵县神山镇和庄村。和庄村，那是一个充满生机与希望的地方，这里盛产闻名遐迩的苍山大蒜，是苍山大蒜的核心发源地。

此刻，让我们把目光聚焦到和庄村。这里有承载着英雄儿时记忆的村庄风貌，堆积如山的大蒜垛，辛勤劳作的村民，随风摇曳的玉米田，还有那陡峭险峻的燕住山。仔细端详，燕住山的雄伟轮廓与松骨峰竟有着惊人的相似，仿佛冥冥之中，这片土地赋予了英雄坚韧不拔的力量。

《谁是最可爱的人》结尾的那段话，字字珠玑，深刻地揭示了烈士们舍生忘死、英勇献身的崇高精神。经过部队、兰陵退役军人事务局、志愿军老兵以及军史专家们的不懈努力，进行了大量细致入微的调研和严谨的考证，最终确认兰陵县县志记载的戴玉义，与松骨峰阻击战中壮烈牺牲的第三十八军一一二师三三五团一营三连连长戴如义，确为同一人。

随后，军地携手，共同为戴如义烈士正名。松骨峰特功连现任指导员庄重地向兰陵县退役军人事务局移交了装有松骨峰泥土的戴如义烈士纪念碑。2024 年 6 月 14 日，中国人民解放军第八十一集团军某旅松骨峰特功连的官兵们，怀着崇敬与思念之情，千里迢迢来到老连长戴如义烈士的家乡——山东省兰陵县，迎回了意义非凡的烈士联合正名书。

“人人那个都说哎，沂蒙山好，沂蒙那个山上哎，好风光，青山那个绿水哎，多好看……”在这片钟灵毓秀、人杰地灵的沂蒙大地上，孕育出了戴如义这样的英雄豪杰。他的英雄事迹，将如同一座不朽的丰碑，永远屹立在历史的长河中，激励着一代又一代的兰陵人奋勇前行，传承红色基因，续写辉煌篇章！

“最可爱的人”戴如义

一个连打退上万人的美军师，立下集体特等功。连长是山东兰陵人、《谁是最可爱的人》中的原型。

这是抗美援朝战场上最壮烈、最惨烈的一次战斗，一个连队牵制敌人两万多人，从上午6时打到中午12时，连队最后只剩下7人，敌人死亡600多，敌我损失之比约为6∶1。胜利地完成了阻击任务，使主力部队及时赶来，被堵截的美二师主力、美二十五师、伪一师等敌大部被聚歼。志愿军领导机关授予该连“攻守兼备”锦旗一面，记集体特等功，第三十八军授予该连“英雄部队”称号。

战斗结束后，师长杨大易要去三连阵地。作家魏巍坚持一同前往。在三连阵地上，他们看到了这样悲壮的场面：

阵地前沿堆满了几百具美军尸体和大量摔碎的枪支。牺牲的三连官兵，有的紧紧抓住敌人的机枪，有的手中的手榴弹沾满了美军的脑浆，有的嘴里衔着敌人的半块耳朵……魏巍将这场惨烈的战斗写成了那篇著名的战地通讯：《谁是最可爱的人》。

这支英雄连队最高指挥者是戴如义，任第三十八军一一二师三三五团一营三连连长，在此次战斗中壮烈牺牲，此时他的家乡山东省兰陵县，正随着西北风飘起白雪。

戴如义，男，是电影《志愿军：雄兵出击》中的角色原型，志愿军第三十八军一一二师三三五团一营三连连长。

松骨峰阻击战

发生时间：1950 年 11 月 30 日

参战方：中国、美国

结果：中国胜利

伤亡情况：三连仅剩 7 人存活，敌人死亡 600 多

指挥者：戴如义

1950 年 11 月 29 日 19 时 30 分，第三连由朝鲜新兴洞

出发，急进50余公里，30日拂晓进至松骨岭东侧，恰逢美军汽车纵队正由北向南疾驶。第三连迅速抢占公路两旁要点。当美军汽车接近阵地前沿几十米时，机枪射手杨文明对准第一辆汽车首先开火，随之，手榴弹在美军车群中爆炸，几十辆汽车燃烧起来，瘫痪在狭窄的公路上。

美军为夺路撤退，以1个连的兵力，在10余架飞机、6辆坦克的掩护下，向第三连阵地猛攻。第三连顽强阻击，机枪射手徐才，不顾密集子弹的威胁，一口气击毙10多个美国兵；邢福禄一颗手榴弹撂倒四五个敌人。经过一阵激烈的战斗，将夺路南撤的美军打退。反击没有得逞的美军又出动8架战斗机、8辆坦克、几十门榴弹炮，狂轰滥炸第三连阵地，同时投掷大量的汽油弹、燃烧弹。顿时，浓浓烟雾直冲天际，滚滚黄尘遮挡住视线，石被烧红了，土被烧烫了。第三连指战员宁死截住美军不放行。七班长潘志忠头被炸伤，鲜血在脸上凝成血冰，但他心中燃烧着仇恨的火焰，口中只有一句话："我是共产党员，不能下去。"仅配属第三连战斗的机枪一连两个班就有5人被烧伤；陈宝贵排长眼睛被烧得看不见了，仍然鼓励战士们："共产党员、共青团员们！共产党的队伍是经得起考验的！"英雄的行为就是战士们的榜样，他们打得更英勇了。美军趁着火势攻上第三连阵地，可就是在这危急时刻，机枪管被烧弯了，射手李玉民扔下机枪，又拾起步枪冲上去。他负伤了，又一次负伤了，再一次负伤了，他全然不顾，当第6次负伤时，腿上的弹孔往外涌血，他从容地摸出一颗子弹，塞进弹洞，又扑向美国兵。刺刀捅弯了，就用枪托砸；枪托砸碎了，就肉搏……当美国兵要跑时，他甩出了最后一颗手榴弹，炸死了逃兵。当他奄奄一息之时，手伸向衣兜，告诉排长："兜里有个信封，胜利了，向毛主席报个喜吧！"他闭上了双眼，留下了一脸的坚毅。第三连的战士就是以这种只要我活着就坚决战斗不后退的精神，有我就有阵地在的决心，战胜了看似强大的美军。

经过一阵猛烈的炮火攻击以后，美军又以300多人从三面围攻第三连。第三连集中力量突然开火，近百名美军被击毙，余部还在疯狂地冲锋。机枪射手杨文明站起来一阵猛扫，打倒了一片美国兵，但他不幸中弹牺牲。副班长景玉琢，抢过枪来，连打三梭子，把美军压住了。战士们的英勇，终于把美军的集团冲锋打下去了。到此时，美军的4次冲锋都以失败而告终。300多具尸体和大量趴窝的汽车将几百辆四轮汽车阻在公路上不得前进。

战斗越来越残酷。连长戴如义、指导员杨少成，烧毁了全部文件和笔记本，决心与阵地共存亡。他们鼓励战士："同志们，我们是英雄三连，任何敌人都是能够打败的。"战士们说："首长放心，三连是打不垮烧不烂的！"时近中午，2000余美军在32架飞机、18辆坦克、几十门榴弹炮掩护下，发动第五次冲锋。阵地上硝烟弥漫，一片火海。美军突破了第三排的阵地，戴如义急红了眼，拖着被炸断的左腿，爬过去组织反击，不幸中弹牺牲。经过5个多小时战斗的第三连，弹药已所剩无几。在无法开炮的情况下，他们将仅有的几颗炮弹当手榴弹投出；子弹打光了，就同美军拼刺刀。朱顺发、熊席泉等与美国兵厮打在一起，最后同归于尽。李玉安负重伤，也被人们误认为牺牲了，直至30年后，他的事迹才重新被发现。邢玉喜、严佐政刺死几个美国兵，又与几个美国兵扭打着滚下山坡。……胡长久从敌尸上摘下4颗手榴弹，打退了冲上来的美军。当汽油弹在战士邢玉堂身边炸开后，他完全被大火吞没了，就地打滚，可火势太大，他就带着呼呼上窜的火苗，扑向美国兵。见此情景，其他身上着火的战士也扑入敌群。这突如其来的壮举，吓呆了美国兵，当他们清醒过来，高喊着"火人过来了"时，已被志愿军战士死死地缠住：抱腰、拉头、卡脖子、咬耳朵，摔死在一起，烧死在一起。美军的进攻更加疯狂了，第三连的伤亡在不断地增加。排长牺牲了，班长主动代理；班长倒下了，战士主动接替。指导员杨少成的子弹打光了，就同美国兵拼刺刀，当好几个美国兵包围他时，他临危不惧，高喊着："同志们，守住阵地！"毅然拉响了手榴弹。在这生与死的决战中，第三连的战士高喊着："为指导员报仇！""为祖国争光！""有我们，就有阵地！"纷纷跳出弹坑，杀向美国兵。志愿军以自己英勇的壮举，阻击了飞机、坦克、重炮掩护下的数千名美军，使之 6 个小时未能前进一步。至下午 1 时，仅剩 7 名战士的第三连，仍然顽强地坚守着阵地，胜利地完成了截击任务。此次战斗共打退美军 5 次冲锋，毙伤 600 余人。

2024 年 6 月 14 日，第八十一集团军某旅"松骨峰特功连"官兵来到老连长戴如义烈士的家乡山东省兰陵县，为当地送来一座装有松骨峰泥土的纪念碑，并迎回《烈士联合正名书》。

"老连长，我是'松骨峰特功连'第 3352 名传人、第 35 任政治指导员，现在我们接您'回家'。"接过《烈士联合正名书》，指导员彭陈动情地说，"虽然老连长没有后人，但'松骨峰特功连'每一名官兵都是他的后人，我们要把这份证明文件带回连队永远珍藏，时刻记住他、怀念他。”

此前，经部队、当地退役军人事务局、志愿军老兵、军史专家的多方调研和考证，确认兰陵县县志记载的戴玉义，与松骨峰阻击战中牺牲的第三十八军一一二师三三五团一营三连连长戴如义是同一人。以此次活动为契机，军地联合为戴如义烈士“正名”。

在鲁南革命烈士陵园，“松骨峰特功连”现任指导员为当地群众宣讲松骨峰战斗精神历史起源和时代内涵，讲述新时代“松骨峰特功连”官兵的奋斗故事。

随后，在“戴如义烈士英雄事迹报告会”上，退伍老兵张忠金讲述了戴如义烈士生平事迹及松骨峰阻击战战斗历程，参会老兵、军史专家介绍核对烈士信息的过程中，“松骨峰特功连”现任指导员向兰陵县退役军人事务局移交装有松骨峰泥土的戴如义烈士纪念碑。

古今链接

读完这篇关于戴如义及松骨峰阻击战的文章，内心满是震撼与感动，我是流着泪水读完了这篇文章！诸多感悟涌上心头：

无畏生死的革命精神：松骨峰阻击战堪称惨烈，戴如义连长率领的第三连，面对装备精良、兵力数倍于己的美军，毫不退缩。从清晨至中午，他们凭借顽强意志与血肉之躯，硬生生将敌人阻挡6小时。战士们有的紧紧抱住敌人同归于尽，有的身负重伤仍战斗到最后一刻，这种舍生忘死、绝不后退的精神，是革命先辈们为了国家、为了正义不惜一切代价的崇高体现，深深震撼着我们的心灵，激励着后人在面对艰难险阻时，要勇往直前，永不言败。

平凡人铸就的伟大传奇：戴如义连长及三连的战士们，皆来自平凡生活，却在战场铸就非凡功勋。他们在枪林弹雨中坚守，在熊熊烈火中冲锋，以平凡之躯扛起保家卫国的重任。这启示我们，伟大并非遥不可及，每一个平凡人在国家需要、正义召唤之时，都能挺身而出，用行动书写伟大篇章，我们要珍视平凡岗位上的坚守与付出，时刻准备为国家和人民贡献力量。

历史传承与铭记的意义：松骨峰阻击战虽已过去多年，但对戴如义等烈士的铭记从未停止。部队与地方联合为烈士“正名”，送回装有松骨峰泥土的纪念碑，传承烈士精神。这让我们明白，铭记历史、缅怀先烈是对他们的尊重与告慰，更是汲取力量、激励后人前行的动力源泉。我们要将这些历史故事与精神代代相传，让后人永远铭记先辈们的奉献，传承他们的精神火种。

家乡与英雄的紧密纽带：戴如义来自山东兰陵，家乡人民以他为傲。他的英勇事迹成为家乡文化的重要部分，体现出家乡与英雄相互成就的关系。家乡孕育英雄成长，英雄为家乡增添荣光，这种紧密联系提醒我们，要重视乡土文化中英雄故事的挖掘与弘扬，让家乡的土地因英雄的事迹而更加厚重，激励家乡人民不断奋进。

枣园采摘园的故事

主持人：喜欢《文化兰陵》的朋友们大家好，我是《文化兰陵》栏目主持人杨紫。今天，我们来到了车辋镇蔡村“石廊山脆枣采摘园”，对蔡村党支部书记李磊进行采访，一起探寻这片果园背后的故事。李书记，您好！李书记，您简单跟我们聊一下脆枣采摘园的建造过程吧。

李磊：2017 年，在大众报业集团第一书记的帮扶下，我们决定建造这片 200 余亩的采摘园。起初，困难重重，当时山上的土质贫瘠，水等各方面条件都不达标。为了建造这片枣园，我们耗费了大量的精力和资金，最终建成了这 208 亩的脆枣枣园采摘基地，这也是车辋镇最大的采摘园。后续我们总体投资 200 余万元，打造出了车辋镇的乡

蔡村党支部书记李磊（左）

镇品牌。如今，这片枣园已经有 7 年的种植历史，枣树树龄已到第 7 年，果实挂满枝头。

主持人：李书记，脆枣跟别的枣相比，有什么独有的特点呢？

李磊：咱们这个“红丹脆枣”成熟时间处于普通脆枣及沾化冬枣的空当期，正好在这几个季节市场上没有枣的时候上市。而且它品质出众，个大皮薄，口感特别甘甜。你看这种红润润的枣，就非常甜，它的含糖量特别高，大概在 16 到 17 个糖。现在咱们枣园筛选出的精品枣，个个品质优良，都能进入商超售卖。

主持人： 李书记，您当书记好多年了，取得了哪些优异成绩，给朋友们分享一下吧。

李磊： 在红丹枣园建成之后，我们雇用了当地有劳动力的贫困村民就地打工，他们每年能获得 8000 ～ 10000 元不等的工资，工作内容包括施肥、摘枣等。现在采摘季需要大量人工，他们能就近就业，十分方便。其次，枣园每年能给我们村集体增收 40000 块钱。多年来，在镇党委、镇政府及县委、县政府的领导下，2018 年我当选为兰陵县第一批鸿雁人才；2020 年注册了“石廊山脆枣采摘种植基地”的商标，同年被评选为临沂市十大种植基地和临沂市优秀合作社；2021 年我当选为兰陵县人大代表，还被评选为沂蒙乡村之星。这些个人荣誉，均离不开各级领导的培养支持。

主持人： 各位朋友，李书记的采访到这里就要结束了。祝愿李书记工作顺利，为乡村振兴做出更大贡献。谢谢大家！

兰陵赋

韩鹏远

齐鲁首县，古邑兰陵。星分奎娄，历史久承。续尼山之余脉，继泗沂之文明。人文渊薮，俊才接踵，先贤高哲，灿若星骋。斯地也，东临莒沂，西接峄城，南瞻徐扬，北望岱蒙。扼南北之咽喉，贯东西之交通。膏腴沃土，物阜民丰。山水田园，毓秀钟灵。

忆昔禹别九州，夏后分封。蚕嫘之地，立国为缯。中华丝绸之祖源，社稷农桑之初萌。逮至春秋，列国力逞。齐莒相侵，周鲁以兴。设次室以拱卫，畀季氏之倚重。后吴越北掠，强楚东争。春申君初置县邑，屈平原始命其名。汉魏襄贲，两晋琅玡。唐宋明清，沂州属从。虽朝代几度兴替，然鼎器由来自重。

迨追先古，愚荒启蒙。历代以降，贤良勒名。仓颉迹鸟兽而作字，鬼神泣而魂惊。从此史实有所传载，记事方弃乎于结绳。克勤克俭，三思而行。家无衣帛之妾，厩无食粟之马，一代廉相，季文子卿。先秦争鸣，谁集大成？最为老师，后圣荀卿。韩非李斯之辈，并皆出其门庭。两任县令，厚德深耕。仰天道之巍巍，念经典之鼎鼎。国无立法，奸邪必生，萧何造律，汉规铮铮。凿邻壁而偷光，慕敏学之匡衡。龙脉福地，萧氏郡望，齐梁帝业以兴；慷慨任气，磊落使才，鲍照七言唯精。辞藻绮艳，永明新体，何逊诗并阴铿；午夜彗星，插柳学诗，王氏思玷鼎公。均一时之雄才，谱千秋之琼英。

尔乃登高山以远瞩，临云水而寄兴。兰陵山水，别有风情。水分五注，山化千形。或妍或秀，或媚或雄。或微波以泛漪，或巉岩以崚嶒。山水依连，湖山远映。水之胜者，洳河会宝；山之魁者，抱犊文峰。洳河蜿蜒，波光盈盈。奔淮入苏，玉带穿城。润滋万亩良田，岁泽五谷丰登。或垂钓于滨涘，或漫步于芳径。休闲佳处，两岸春风。至若会宝明珠，泱泱千顷。处三镇之所交，际群山其如屏。浩淼无涯，横绝域中。水涵澹而浮光起，鱼跃鳞而长烟空。清风徐来，听渔桨之欸乃；斜阳晚照，染画船之霞红。更有抱犊雄踞，高耸屹立。远眺东海云蒸，上与天齐；近揽兖沂邈袤，视通千里。天池绵连，洞天府地。七十二崮之首，六百山峰第一。东晋葛洪，抱牛犊而登顶，修道紫笈；三国钟繇，学正书而独步，名并王羲。其下东麓，有寺灵峰，肇建大隋，古朴幽谧。天下三十六福地，此居其一。历代皇朝，榜谕封敕。世传有求皆应，故而香火不息。山之所钟，其在文峰。苍茫翠微，季文之灵。或谓之鲁南小泰山，以其谷壑幽然，文蕴深茂，颇类岱宗。静听汩汩龙泉，俊赏岩岩奇松。矫首长天，苍然虬屈古藤；郁郁繁翳，千载情侣银杏。琅琊八景，积雪神峰。夐洁如银，四时长凝。北魏千佛崖，栩栩如生；南宋三清宫，漫漫遗踪。羲之晒书台，墨香犹存；荀子讲学处，琅琅书声。乐山水之瑰丽，宜容与而临登。

无边风景，萃于名胜。荡轻舟于兰湖，趁阳春之烟景。携酒侣以销暇，度柳陌而从容。寻压油沟之静幽，觅古朴之民风。探朗公寺之遗踪，慨沧桑之废兴。临兰溪以流觞，吟兰陵阁之夜景。赏兰园之斑斓，忆知青村之峥嵘。御赐五色金鱼，独得斯水方存。皇封杨氏牌坊，旌表一时贞声。孔门高柴墓，碑碣俨然，载记贤孝之行；巨儒荀子庙，茔冢翠青，薪火文运之盛。景仰鲁南陵园，丰碑矗立文峰。浩气冲于天阙，英魂凝乎松庭。顾念革命之多艰，须知遗志以续赓。

高陵醴泉，独秀酒乡。陶情适意，美酒无双。美乎哉！兰陵美酒，郁郁金香。玉液其体，琥珀其光。色泽殊胜，味压群芳。得水土之绝美，兼古法之酝酿。清香远达，醇厚绵长。为历代所称美，引名士以弘彰。遥追殷商祭祀台，祈天敬祖，厥酒必以郁鬯；楚陵狮子山，献奉贡酒，秘府专之私藏。谪仙太白，客中醉卧，不知何处他乡；南宫米芾，酒入丹青，淡墨秋山邈苍。齐民要术题要，本草纲目记详。以之犒赏三军，北齐高长恭勇夺奇功；以之佑情一曲，大唐杨贵妃醉舞霓裳。兰陵十千酒，华夏九州香。惊艳巴拿马，荣获金奖；享誉日内瓦，倾倒众邦。举杯春风斯盛，一饮岁月其长。实天上之醽醁，尽人间之壶觞。

赞曰：圣王之香是为兰，阜高之地谓之陵。集风物于万千，荟斯处为兰陵。纵亘古以长河，揽群英之纵横。而为诗曰：

鲁风楚韵毓隽英，自古多学出兰陵。
兰湖烟雨怀季子，碧草凄迷忆荀卿。
自有美酒酬醉客，岂无佳妍萃文峰？
浮云千载沧桑尽，且倚高阁赏月明。

兰陵春秋

浩浩中华，青史为证；茵茵兰陵，典册可据；仓颉造字，开启中华文明之基；大禹治水，开辟兰陵桑梓之地。

兰陵位于鲁苏交界，县域面积 1724 平方公里，人口 147.2 万。

方寸之格，典藏百斗荣光，翻开厚重的兰陵档案，有文字记载的历史距今已有 3000 多年。春秋战国时期，鲁国在此设次室邑，后并入楚，设兰陵县，是今山东境内最早设立的县治。在朝代的风云更迭中，兰陵几经沉浮，历经两千多年的风风雨雨，依然璀璨夺目。

一代廉相季文子在此进行中国历史上第一次税费改革“初税亩”，此后的 2599 年间农业税成为国家财政收入的主要来源；寿圣高柴施政兰陵，仁厚爱民，成千古仁爱至孝楷模；后圣荀子两任兰陵令，隆礼重法，兰台高筑，名儒大家、良才将相层出不穷，兰陵成为先秦儒家文化传承的高地圣坛。

“阳羡春茶瑶草碧，兰陵美酒郁金香。”①兰陵还是酒文化的发源地，《本草纲目》中对兰陵美酒大加赞誉。1995年徐州狮子山汉墓出土的印有“兰陵之印”“兰陵承印”的兰陵美酒，再次印证了兰陵酒文化的厚重深远。

兰陵酒为萧氏家酿。兰陵萧氏，以一代儒臣萧望之而闻名。西晋末年“永嘉南渡”，兰陵文化南移，推动了中国南北文化第一次融合发展，成就了萧氏两朝天子，一叶九相的世家之盛。千百年来兰陵萧氏长盛不衰，兰陵成为全球萧氏郡望之地。

一杯酒，一首曲，一本书，一卷铺开，帝王将相、才子先贤尽显豪情与睿智。

史学鼻祖左丘明，在此留下儒学经典《春秋左传》；

---

①“阳羡春茶瑶草碧，兰陵美酒郁金香”：出自北宋著名书画家米芾之手，目前这一巨联真迹仍完好保存于湖北襄阳的米公祠内。北宋年间，兰陵美酒与阳羡春茶驰名于大江南北，被颂为宋代的两大名产。这句诗通过对仗的方式，生动地描绘了阳羡春茶的清新碧绿和兰陵美酒的香醇美好。

南梁著名诗人何逊，被诗圣杜甫尊为老师；昭明太子萧统，留下现存最早的诗文总集《昭明文选》；颜师古校“五经”，注《汉书》，成为盛唐文化的奠基人；诗仙李白醉卧兰陵，留下千古诗篇《客中行》；兰陵笑笑生，创作天下第一奇书《金瓶梅》；兰陵王高长恭邙山破阵，《兰陵王入阵曲》流传至今。件件卷卷，灿若星辰，让兰陵在历史的长河中熠熠生辉。

兰陵南连淮、泗，北走青、齐，为“南北要冲，齐鲁噤喉”，历来为兵家必争。从春秋争霸到秦汉雄风，从两晋烟云到明清晚霞，兰陵这片土地上演绎了无数次的权力博弈、枭雄争锋。

民国初年，一批有志之士发出了兰陵民主革命救国道路的先声，自此，追求民主与自由的脚步就再也没有停止过。冷相佑、刘之言、郭云舫、赵镈、陈光、罗荣桓、刘少奇、陈毅、粟裕、罗炳辉……无数志士英雄以血为墨，以兰陵为纸，书写了一部部与家国同命共脉的民族史诗。

从新文学运动先驱王思玷举起革命的火把，照亮前行之路，到“苍山暴动”播下革命的火种，成燎原之势；从一一五师进驻抱犊崮山区，留下抗日足迹，到鲁南大捷，谱写解放战争史上的壮丽诗篇。

一张张地图，一幅幅照片，一处处旧址，血与火的洗礼，让红色基因扎根兰陵大地，珍贵的遗存，让古老的故事生生不息。

斗转星移，沧桑巨变。近代以来兰陵区划几经变迁，见证着兰陵的奋斗历程和卓越贡献。2013 年 12 月苍山县恢复为兰陵县，古邑兰陵，兰香远达，再展风华。

触摸一排排档案，浩如烟海的文字，以静默的姿态站立，连成跨越时空的纽带。

她海纳百川的胸怀里，沉淀着是非过往；她洗尽铅华的素淡里，蕴蓄着撼人心魄的力量。

她记录着兰陵历届菜博会的盛况，国际赛事的激荡，学术研讨的成果，各种创建的荣光。

她承载着兰陵战天斗地的豪情，不畏艰辛的奋斗，波澜壮阔的实践，一往情深的坚守。

她书写着兰陵一碧千顷的沃野，旖旎秀丽的风光，日新月异的建设，和谐幸福的生活。

一部兰陵史，半堂中国风。兰陵一路走来，创造了丰厚博雅的过去，绘就了壮怀激烈的今天，开启了辉煌灿烂的未来！

古今链接

深厚历史底蕴的震撼与启迪：兰陵2600多年文字记载史，从鲁国次室邑到楚国兰陵县，历经朝代更迭，始终闪耀。季文子“初税亩”改革影响深远，高柴的仁爱、荀子的儒家传承，奠定兰陵文化根基。这种深厚的历史底蕴让我们感受到岁月沉淀的力量，认识到历史是地域发展的宝贵财富。它启示我们要珍视历史遗迹、传承历史文化，从古老智慧中汲取发展动力，在现代社会中延续历史脉络，让古老地域在新时代焕发生机。

多元文化交融的魅力与价值：兰陵是酒文化发源地，美酒闻名遐迩，又因萧氏南迁推动南北文化融合，成就世家传奇。同时，众多文人墨客在此留下不朽篇章，从左丘明的《春秋左传》到李白的《客中行》，文化成果灿烂。多元文化交融赋予兰陵独特魅力，不同文化相互碰撞、吸收，丰富地域文化内涵。这让我们明白文化交流与融合能催生创新，各地应秉持开放包容态度，促进文化多元发展，挖掘文化融合潜力，提升地域文化影响力。

时代变迁中发展的坚韧与担当：近代兰陵区划变迁，

见证奋斗历程。2013 年恢复兰陵县后，在经济、文化、社会建设等多方面成果斐然。从菜博会到国际赛事，从农业发展到城市建设，兰陵在时代浪潮中奋勇前行。这彰显出兰陵人民面对变迁的坚韧，以及对家乡发展的担当。让我们看到地域发展需要顺应时代潮流，积极进取，同时也激励各地在发展中保持初心，为实现更好生活努力，续写地域发展的辉煌篇章。

附录

礼乐治校创辉煌

荀子像

2023 年 11 月 2 日下午，兰陵县委书记王康亮到隆礼高级中学调研指导工作，在长达一小时的调研中，王康亮书记实地考察了隆礼亭、荀子像、春秋柱、兰陵杏坛、礼乐牌坊等文化景观，观看了隆礼教师诵读《荀子》、中华礼操、师生音乐表演等文化活动，对学校在荀子文化传承和实践上取得的成就表示满意，肯定了隆礼高中的办学特色以及几年来取得的教育成果和对兰陵教育所做的贡献。

隆礼高中 2022 年、2023 年连续两年被临沂市教育局评为“普通高中教学工作艺体生培养先进学校”。办学 5 年来，两届高考创佳绩，首届 343 人参加高考，121 人过本科线；第二届 372 人参加高考，136 人过本科线。

在兰陵大地上，崛起了一所新的高级中学——隆礼高级中学。

隆礼高中把传承荀子优秀文化思想，贯彻新时代教育发展理念作为办学宗旨。结合兰陵教育实际办学，积极打造以礼为核心的校园文化。从兰陵路到校大门口，打造荀子文化一条街，在路口花坛上放置了两块青石，上面刻有“荀子劝学地，隆礼重法人”。西墙上的展板，展示的是隆礼高中传承荀子文化取得的成绩，即 2023 年优秀毕业生。进入大门，正对大门的是荀子雕像，石像下是 2022 年及第榜。大门右侧是隆礼亭，亭子的木柱上刻着习近平总书记引用的经典语句，亭里的石板上刻了百个“礼”字。劝学广场北侧刻着荀子《劝学》全篇，南侧刻着习近平总书记在纪念“五四运动”100 周年座谈会上的讲话。广场中心是荀子讲学的铜制塑像，荀子在向四个弟子授课。学校正南墙是礼乐制校文化牌，上面有礼乐制校文化隆礼治校理念。学校楼宇皆以“礼”字命名，由北向南，依次为隆礼楼、明礼楼、学礼楼、知礼楼、行礼楼、乐礼楼、洗礼双层操场。两条主干路分别命名为经礼路、纬礼路。

隆礼高中把传承荀子文化作为礼乐治校的教育理念，学校教育愿景是礼乐治校，文化隆礼。校训是循道尚礼，善学好乐。校风是礼乐通晓，知行合一。教风是正身正礼，与生共长。学风是文武双修，才德兼备。学校的使命是让每一个学生点燃青春梦想，努力成为知礼义的有用人才。学校的校歌由陈建国谱曲，杨丁和、赵元平填词，歌曲叫《荀子后学出隆礼》。

隆礼高中实行礼治、自治、制治三位一体的治理体系，礼治在先，学校制定完备的日常行为规范，编制隆礼高中礼治手册，把学生日常的发型、衣着、服饰、上课、上操、就餐、就寝、如厕等礼仪规范给学生讲清楚、说明白。各年级班级宿舍组成学生自治小组，大家相互学习监督。最后是制治，对个别认识不到位言行习惯差的学生，依照中小学生教育惩戒条例和相关规定，一致处理，形成震慑。

以礼为核心的文化，产生了强大的向心力和凝聚力，五年来学校打造了一支锐意进取、勇于创新的年轻有为的教干教师队伍，探索出了一文二专三提升和体教结合、异教融合的教学模式。信息化、数字化教学成果被《中国教育报》以《实施智慧教学，提高教育效能》为题进行了报道。2023 年高考再续华章，371 名考生中，136 人进本科线，72 人考取本科院校。肖涵被山东师范大学提前批录取，王伟考取大连外国语大学日语专业，王宇杰、王嘉琪两位同学考取曲阜师范大学：这些中考在公办学校分数线以下的同学，在隆礼高中实现逆袭。

山东荀学专家学者一行 30 余人来校考察后，评价说隆礼高中传承荀子文化，与贯彻新时代教育思想相结合，实现了荀子文化的创造性转化和创新性发展，是在校园传承荀子文化的典范。

山东大学王瑞华教授在王鼎钧文学艺术研讨会上的发言

鼎公的根源深植于兰陵这片沃土，他的创作灵感与文学生命的根基同样系于兰陵。在他的散文中，不乏对兰陵风土人情的细腻描绘。身为山东人的我，对兰陵的认知却始于鼎公的散文，正是这些文字让我领略到了兰陵深厚的文化底蕴。齐鲁大地，英才辈出，鼎公无疑是其中的佼佼者。

我尤为关注鼎公的文化事业。他曾言，将个人的抗战经历置于中国上下五千年的历史长河中进行审视。这种宏大的历史观，加之他的国际视野，共同构成了他独特的人生经历。从兰陵起步，在山东成长，历经抗战的洗礼，辗转流离，最终定居台湾省，度过了四十余载春秋。而后，他又远赴美国，开启了新的生活篇章。

鼎公所处的年代，正值抗战烽火连天，但民国时期的中国文化与西方文化却呈现出一种和谐的交融。当时，中美同为盟国，共同抵御外侮。我在美国期间，也曾深入探访过众多太平洋战争的历史遗迹，深刻感受到了那段历史的厚重。鼎公的国际视野并非始于台湾省或美国，而是早在他的家乡兰陵便已萌芽。他自幼受母亲影响，对基督教文化产生了浓厚兴趣。他的母亲，一位有文化素养的女性，在深入研读《圣经》后，毅然选择了基督教作为信仰。这无疑为鼎公打开了一扇通往西方文化的大门。

在台湾省，鼎公一方面深受中国传统文化的熏陶，另一方面又以开放的心态接纳西方文化。这种中西文化的交融，赋予了他散文创作以开阔的视野。他曾坦言，自己的散文创作正是基于这种国际视野的建构。他的格局之大，在整个散文界无人能及。他既拥有深厚的历史记忆，又具备宏大的国际视野，这种文化格局下的散文创作，无疑具有极高的文学史价值。

鼎公始终将齐鲁文化视为自己的根，同时也不忘西方文化的熏陶。童年时期，家中常有教徒聚会，《圣经》更是他成长过程中的重要陪伴。在台湾时，尽管他与台湾本地人有较多交流，但他始终保持着自己的创作风格。然而，西方文化对他的影响却根深蒂固。这种超越传统的乡愁美学，在当时的台湾文坛蔚然成风。与余光中、洛夫等诗人笔下的乡愁不同，鼎公的乡愁更加深沉、内敛，充满了对未来的乐观与信心。

两岸终将和平统一、国家民族必将崛起，正是鼎公散文中的精神内核。他的四部自传，不仅具有极高的文学史价值，更是抗战文学的精品之作。在当今抗战题材泛滥的时代，鼎公的作品无疑为我们提供了一个新的视角和深度。

我相信，在鼎公的熏陶下，我们将会有更多的抗战作品问世。这是我在学习鼎公作品后的深刻感悟。我的论文尚未完成，恳请各位不吝赐教，谢谢。

一位 88 岁还在坐诊的老人

2024 年 4 月 11 日一大早，我们便匆匆赶到林得宝老人开办的小诊所，来采访这位 88 岁的耄耋老人，完整记录下他一天的工作状态。

清晨 7 点多钟，诊所门口已有患者静静等候，7 点 52 分，皮肤病老专家林得宝步伐矫健地走来，准时开启了上午的诊疗工作。

大家对林医生的评价极高。诊所员工满是敬佩地说："我们平时都叫林医生'专家'，他都快 90 岁了，可对待病人特别和气，不管是普通患者还是情况特殊的，都照顾得十分周到，看病也特别认真，医术更是高明。他对我们这些职工也特别好，是一位让我们打心底里敬重的老人，更是皮肤病患者的福音。”

一位患者家属也忍不住分享：“我之前得了蛇胆疮，在临沂花了 3000 多元都没治好，到林医生这儿拿药，吃了没几天就好了，林医生的医术那是真厉害！”

采访人看向镜头，感慨万千：“各位观众朋友们，坐在我面前的这位老人叫林得宝，他曾任我们县政协副主席，是兰陵县皮肤病防治站 1996 年退休的老专家。他把自己的一生都奉献给了兰陵县人民的健康事业。如今他已 88 岁高龄，却依旧坚持每天坐诊，为病人看病，他是我们兰陵人的骄傲。”

采访人转向林老，礼貌询问：“林老您好，我们不过多占用您的宝贵时间，就简单问您几个问题。林老，您能给我们介绍一下您的长寿秘诀吗？”

林老微微一笑，缓缓说道：“长寿秘诀就是顺其自然。在饮食上，要吃得全面。有句话叫‘稻粱菽，麦黍稷，此六谷，人所食’，就是说什么东西都要吃。还有‘马牛羊鸡犬豕，此六畜，人所饲’，世间万物都是为人服务的，该吃就吃，不挑不拣，保证全面营养。在休息方面，因为还要工作，必须有充沛的精神，所以我特别注意休息。我主要有两招，一是体力活动，我一直坚持骑自行车、走路，这是我的主要运动项目，上了年纪，其他运动项目容易超负荷。二是睡眠，我一天一般要睡8个小时以上，晚上8点半准时睡觉，早晨5点起床，中午还要睡半个小时。饮食上就是各种营养、各种食物、各种水果都吃，不挑食，保证营养均衡。人到老年会进入负氮平衡，所以更要保证足够的能量、足够的休息和足够的运动，这三项很关键。还有就是脑力运动，我经常思考问题，看病遇到问题就回去读书。近些年，国内有六种主要医学期刊，像《中华皮肤杂志》《临床皮肤杂志》《皮肤性病杂志》《麻风病杂志》，还有医学综合类的书籍，从复刊以后我一直订阅到现在，30多年来一期都没落，每期都会看，虽然看的不多，也不敢轻易下笔写东西，但到现在还在坚持看。这样能学习先进知识，用最新的抗病毒药物，这也是一种脑力锻炼。再有就是心态要好，不生气。我上班的时候什么样的病号都遇到过，有个病号拿着一支药膏，用了半支病好了，就要求退，不退就打12345，最后就给他退了。苍山好人也很多，有个小孩患系统性红斑狼疮，他爹带他来看病，因为吃药，孩子成年了身高才一米五，可这孩子到现在都没忘了我，每到下蒜薹的时候，一定要给我送蒜薹，苍山人民没忘了我。”

林得宝医生

主持人接着问："林老，您现在的身体状况如何？"

林老坦然回答："去年临沂地区组织高端人才查体，除了心脏有点返流，其他生化指标、血压全部正常。不过我也得过很多病，最严重的是胃癌，手术切除后就没事了；还有股骨头骨折，打上钢钉后我第二天就能走路；患胆囊炎后也做了胆囊切除手术。面对这些病，就是要面对现实，不要害怕，该怎么治就怎么治，服从治疗，相信一定能治好。现在我吃得饱、睡得香，上班有精神，下班也快乐。听病人说话我听得很清楚，不像有些年纪大的医生，和七八十岁的患者交流很费劲，他们耳朵聋，我两个耳朵听力都正常，眼睛也正常，就是脑子容易忘事，记不住了就再看一遍书，实在记不住就记在手机上，上班的时候翻出来看看。我家里也没什么负担，以前困难的时候工资才 40 块钱，现在工资上万，想吃什么都有，现在生活很美好，中国文明程度高，人民生活水平好，丰衣足食，所以我看病也特别有劲头。”

主持人又问：“林老，您的一生都是辉煌的，您都取得了哪些傲人的成就呢？”

林老谦逊地摆摆手：“也不算什么，都是我应该做的。我发表的论文比较多，以前工作的时候，一年能发表一两篇，年年都有，总共发表了 30 多篇，还在英国皮肤杂志发表过文章。前几年我发表了一篇关于羊痘的文章，我研究的是羊传染给人的羊痘，人感染后在人群里还有没有传染性。我做了个实验，把感染羊痘的人的病毒提炼出来，打到羊身上，羊还是发病了，这就证明羊传染给人后，人身上的病毒还有传染性。就这篇文章，凡是提到羊痘的论文，很多都要引用我的，这篇文章被引用了 24 次。还有一个病是我首先发现的，世界上之前没有记录，叫遗传性色素性皮肤病，我们在《临床皮肤杂志》上发表以后，现在中国权威的皮肤学著作把这个病编进去了，得到了国际承认。

在科研方面，我一共完成了 5 个科研项目课题，其中 3 个达到省级水平。我还两次出席亚洲皮肤科学会学术交流大会，作为中国代表，在会上交流论文，我的论文都被收录到论文汇编里。我还成为亚洲皮肤科学会会员，也是中华皮肤学会会员。另外，我获得过全省卫生先进工作者、全国卫生先进工作者、麻风 30 年荣誉获得者。还享受国务院政府特殊津贴，这个津贴是终身的，直到现在，政府还给我发慧才卡。”

各位观众朋友们，林老的采访到这里就要结束了。让我们共同祝愿林老身体健康，长寿幸福！